魅力彩绘版

中国女孩心理成长枕边书

美丽、迷人白天鹅的修炼密码

一本和女孩内心世界紧密相连的书
一本随时为女孩成长破解困惑和谜题的书
一本可以让家长与女儿共读的书

沧浪◎编著

中国妇女出版社

序言

每一个女孩走在路上，都是别人的风景，但这不是女孩的生命价值所在！

只有生活在自己的风景中的女孩，才能找到自我的价值和幸福感！

著名的心理学家荣格遇到了一个女病人。这位女病人说自己经常会做一个奇怪的梦，梦里只有一个简单的图像——正中间是一只类似于人的眼睛的形状，眼睛的两侧各有一条蛇，咬着眼睛的一边，向外拉扯，没完没了。这个女病人常被这个奇怪的梦惊醒，感到焦虑不安。荣格在经过认真检查和研究之后得出结论：这个女人的精神状态和神经心理都没有任何问题，她只是在“寻找精神的发展”。这个梦预示着她有新的能力，可以看到内在自我的真相，可以焕发出超强的活力。这是女性的一种超自然“潜能”，是一种心理趋向成熟的标志。

女性的内在，蕴藏着宛如宇宙般无穷无尽的巨大精神能量。这种能量一旦被挖掘，就能超越家庭教育、学校教育带给她的影响，展现一种真、善、美的气场，一种宏大的包容力和圆融的处世能力。

大多数女孩在成长过程中，都会被打上褊狭的女性社会文化的烙印——不是只想做男性的依附者或者说花瓶，就是极力否定男权、否定女性柔软而善良的力量。

这两种褊狭的社会烙印都会给女孩子的一生制造或多或少的伤害。第一种的结果是显而易见的，不能独立的女人一生很难获得长久的幸福；而第二种呢，对女孩子的伤害也非同小可，它常让女孩子赢了人生却输了自己。

那么，真正的女性自我到底是什么呢？不是饼干、星星、糖果、粉红女郎，也不是“巾帼英雄”“女强人”，而是一种自然的自我意识，既以女性为美，又不以女性为限制，一种优雅与知性、智慧与果决相混搭的气质会自然流出。

只要你愿意，假以时日，每个女孩都可以修炼成迷人的气质。一个最初满脑子是星星般亮晶晶的纯洁和浪漫的小女孩，要赢得丰富的内涵必须经过岁月的沉淀。但只要你愿意充满信心地去提高和挖掘自己内心的能量，你就一定可以找到可行的途径或方法实现你所期待的惊人的改变。无论你要的这种改变是形象上的美丽，还是能力上的提高，抑或是人际上的吸引力，又或者是心理上的幸福感。这种内心的能量都能满足你的需求。

有这么神奇？

当然！

心理学家格申·考夫曼和列夫·拉斐尔曾经在《能量动力学》中这样说：“我们意识到内心和外部世界发生的事件，就会学会有意识地生活。建立有意识地自我发现机制，不但可以清晰地看到自己，看到自己所处的环境，还能看到包容自己的整个世界，这是一种由内而外爆发的能量延展。是让一个普通人变成一个神人的神秘力量。”

每一天，女孩都在设想着自己的人生图景，或壮丽的，或瑰美的。不谙世事时，一心描绘的是一个美妙的水晶鞋的故事；年岁稍长，希望自己成为学习上的优胜者；青春期时，每天都在祈祷让自己成为美丽的使者；碧玉年华（16岁）后，又有了新的人生奋斗目标，那可能是专业方向也可能是新的学业目标……每一步的激情，都由一个希望点燃，每一个希望的实现，都借由激情和耐心来完成。而这希望，这激情，这耐心，都来自内心的能量库。

我们都有这样的经验，对于喜欢、热爱的事物，我们会对它特别痴迷，渴望通过努力使自己达到某种境界。在这样的心境下，我们不会感到努力是痛苦的，或者即使有痛苦，我们也有充足的自信去应付。我们能拥有这样成熟的心态，是因为我们打开了自身能量库的一角，这个能量库给了我们不断提高的力量。

作为女孩，要想获得幸福的一生，尤其要借助这个能量库。当我们只遵从内心的声音，就不会再受社会文化的感染，就不会再为了某个人或者某一群人“战斗”的目标而活，而是去发现自己的使命，用这个使命来规划只属于自己的未来——能让此生获得最大幸福感的未来。

这就是本书的写作缘起。为了找到自己的使命，每个女孩都需要问自己两个问题——我是谁？我此生要成为谁？为了回答这两个问题，需要不断审视自己的心理，不断倾听内心的声音，不断寻找完善自己的方式。当你能够看到自我的真相时，你就能超越和克服自身不适应的痛苦，你会与整个世界融合，并从自己所在的任何一个整体里吸收能量。

亲爱的女孩，你不是弱者，但也不是一个圣斗士，你是一个拥有小宇宙的天使，你此生有不同于他人的使命，你有区别于常人的潜能。发现使命，发掘能量，你就能成为世界上最美丽、最优秀、最幸福的女孩。

目录

“魔镜魔镜告诉我，谁是世界上最优秀的女孩？”如果每个女孩都有个魔镜，那么大概被问得最多的就是这个问题。虽然灰姑娘的“水晶鞋”的确很诱惑女孩，但是现实中的女孩都对午夜的南瓜车充满恐惧。她们不祈求恩赐，她们更希望自己赋予自己“美玉”之质，自己去创造自己的美丽人生，她们更希望自己成为别人“一生中最美的风景”。因为，每个女孩都是自己的女神。

幸福是女人的终身事业，所以从现在开始，你就要学会获取幸福密码的能力。但是幸福是什么呢？是得到最多的东西，是随心所欲的生活吗？显然没有这么简单。据哈佛大学最受欢迎的幸福课教授沙泰勒·本—沙哈尔说，幸福就是能够找到一个明确的、可以带来快乐的并有意义的

目标，并能努力去追求。当然，认识这个目标之前，你还得找到自己，得学会看向已知、未知的自己。从“今天”起，做一个幸福的人，“面朝大海，春暖花开”。

刘墉说：成长是一种美丽的痛。但对于成长中的每个女孩来说，未必不喜欢享受这种痛并且快乐的成长味道，那是香的，是甜的，是酸的，当然也有一点点苦涩，可有什么关系呢？生命本来就是一种律动，每天为自己制造一个新的世界，每天给自己一个惊喜，生活才会多彩多姿。曾经的“作茧自缚”，也不过是为了一朝“化蛹成蝶”“破茧而出”。生命的能量，包容了成长中的错误，置换了稚嫩的波动。总有一天，你会变得足够优秀，能够自己撑起自己的天空。

相声里有句话说：念了十几年书，还是觉得幼儿园好混。很多人进入社会中会如此感慨：真不知道当年为什么那么痛恨学校里的一切，今天想来，学校多好，当年的一切都值得怀念，甚至老师的骂声，同学的歧视，还有体育场上失败的耻辱……亲爱的女孩，你现在享受的是纯真年代里最纯美的生活，就像是以你现在的年纪回忆幼儿园的甜美一样，很多成人正在用追悼的方式把他们当年如你现在一样的青春放入祭坛。前车之鉴，当下，你处于人生最美的学校生活阶段，好好珍惜，好好享受吧，别等到失去它之后才后悔莫及。

当你站在悲伤之林，不知走向何方，你忧伤得难以自拔。别难过，要知道，我，我们，他们，都曾经站在你现在所在的位置，惆怅迷茫，烦恼丛生，情绪低落，可如今，我们、他们已经走上了一个新的方向。那么，现在的你，也会走出这片悲伤之林，踏上你的快乐之旅，找到自己的未来之路。长大总会有些小情绪，只要你学会情绪管理，这所有的好的、坏的情绪，都不过是你人生中的一个个看点。

英国有句谚语说：没有相处能力的人，就像陆地上的船，永远也到不了人生的大海。世界上没有任何一个正常人不需要和人交流，也没有任何一种工作不需要和人打交道。我们生活在人群中，没有人际交往能力，就意味着我们将没法体验真实而有趣的人生，也没法获得进步。所以，从小时候开始，我们就要学会与人之间的相处之道，我们不但要获得别人的赞誉和尊重，还要能够在与人的相互交流中找到自己的位置，找到促进提升的动力。

童稚尚未退去，我们已经被时间推着走进了一个奇怪的地带。在这里，女孩变成了女人，女人的美，女人的痛，要一样一样地尝试，不容许错过。我们惊慌失措，对这种变化充满了好奇，却又感觉应付它有点力不从心。好在有亲爱的妈妈陪在身边，只是那些敏感话题如何才能开得了口。其实，你的羞，你的恼，你那淡淡的哀愁，你的妈妈都曾经经历过。只要你开口，妈妈就能读懂你的心，也能给你最好的指点。

生活是一本非常复杂的百科，饮食、休闲、养生、时尚等，处处都是学问，每一种课题里面都包含着非常繁杂的内容，是女性一生都要学习

目录 | Contents

的知识科目。尽管生活充满了各种困扰，但聪明的女孩还是爱从审美的角度去发现生活，享受生活。培养发现美的眼睛，创造美的激情，留住美的能力，你就能打造完美生活。

做一个优秀的女孩

“魔镜魔镜告诉我，谁是世界上最优秀的女孩？”如果每个女孩都有个魔镜，那么大概被问得最多的就是这个问题。虽然灰姑娘的“水晶鞋”的确很诱惑女孩，但是现实中的女孩都对午夜的南瓜车充满恐惧。她们不祈求恩赐，她们更希望自己赋予自己“美玉”之质，自己去创造自己的美丽人生，她们更希望自己成为别人“一生中最美的风景”。因为，每个女孩都是自己的女神。

每个女孩都是可人的精灵

其形也，翩若惊鸿，婉若游龙，荣曜秋菊，华茂春松。仿佛兮若轻云之蔽月，飘飖兮若流风之回雪。远而望之，皎若太阳升朝霞。迫而察之，灼若芙蕖出渌波。秾纤得衷，修短合度。肩若削成，腰如约素。延颈秀项，皓质呈露，芳泽无加，铅华弗御。

云髻峨峨，修眉联娟，丹唇外朗，皓齿内鲜。明眸善睐，靥辅承权，瑰姿艳逸，仪静体闲。柔情绰态，媚于语言。奇服旷世，骨像应图。

她是谁？

不用说，所有的女生都知道，这是世界上最美的洛水女神。

想象着被描绘得如此美丽的女性，每个女孩都会有这样的一种心理——酸溜溜的、充满幻想的，并开始移形换位，把自己想象成那个“增之一分则太长，减之一分则太短”的女神，一忽儿又清醒过来，却发现“增十分还是不够高，减二十斤还是不够轻”，真是伤不起啊。于是，女生对自己也对自己喜欢的人说：“不要迷恋洛神，那只是个传说。”

这就对了，别信某些人的，说“这是酸葡萄心理”，非也，其实，这说明你已经开始探究你自己了。要知道，每个女孩都是一个可人的精灵，比那女神更有感召力，更有神秘莫测的能力，也更有美感和生气。

女神是什么？是人们对于优秀女子的一种神化，是女人至高的一种品性代表和力量的标志。但古人赋予某个生命体或者无生命体（巫山女神）以女神的形象，只是为了指引女人如何做人，对于当代的女孩子来说，这样的女神形象未免过于严肃、呆板。不客气地说：“女神何苦为难女人？”

女神尽管完美，却难免给人一种难以逾越的距离感，只能远观而已。而现实中的女孩则是一个个鲜活而有个性的生命，是一个个创造世界的精灵。她们聪明活泼、精力旺盛，她们好奇心强、视觉敏锐，她们总在发现、探索，当然，也在破坏和重建。世界在她们的掌心，张开手，放飞的是一个飞翔的愿望；抬起脚，丈量的是实

实在在的人生。

每个女孩都是美丽的天使，但是天使在成长的过程中却经常受到恶劣事俗的侵扰，如同魔鬼对天使的攻击。比如，有的女孩虽然天生伶牙俐齿，但随着岁月的磨砺，恶俗的浸泡，这天赋却扭曲成长舌妇的潜质，堕落成为诋毁他人的工具，天使的美丽逐渐褪色，魔鬼慢慢进驻女孩的灵魂。尽管每一个女孩子都是可人的精灵，但她会经历无数次的蜕变，可能化蛹成蝶，也可能“零落成泥碾作尘”。因此，把握住自己的命运就成为每个女孩生命的主旋律。

女孩天生有灵性，但女性基因又给女孩制造了很多弱项，如女孩通常爱嫉妒、虚荣心强、力量薄弱、不善于条理性知识的学习等。很多弱点经过人生的历练放大以后，就像阿喀琉斯之踵一样，成为女孩致命的死穴，如果不改变，就会毁掉女孩一生的幸福。

同时，对于少女来说，在享受青春的欢乐时，就已经与危险比邻而居，一些没有学会自重和自我保护的女孩，在青春期的时候就遭遇了男孩的欺凌，会为一生的悲剧埋下伏笔。因此，作为一名女孩，在很小的时候，就要学会保护自己，学会爱护自己，避免明里暗里袭来的“刀剑”，还要努力奋斗，迎接未来进入社会中更复杂的生活。

学校生活，是女孩最单纯平和的一段人生。一旦进入社会，男性只有职位及升迁的竞争，而女性不但要经历这种竞争之苦，还要面对性别带来的打压，甚或性骚扰等困扰，这些必须要有成熟的心理才能正确应对。同时，还会遭遇要婚姻还是要事业的迷茫，或者在家庭和事业之间纠结不已。在生命最灿烂的时刻，女人就得掐死自己美丽的梦想，早早地背上了所谓“伟大女性”的包袱，难以像男性那样潇洒地享受人生价值的挖掘之旅。

为此，作为女孩，你要早早开始自己的心灵修炼之旅：用爱来弥补世界对女孩的不公，爱世界，爱他人，爱自己，爱敌人，爱友人，爱现在，爱过去，爱未来，爱幸福，爱痛苦，用独立来描绘女孩不同于男孩的伟大。

一个真正具有爱心的女孩，她不必显得处处坚强，她的一滴感性的眼泪就可能让钢筋铁骨一样的男人相形见绌，孟姜女哭长城的威力大概中国人都知道；一个真正具有爱心的女孩，她不必处处显示自己超人的能力，她的几句轻描淡写的话语就可能让条理分明的男人的处心积虑土崩瓦解，从长孙皇后对唐太宗李世民的影响就可见一斑；一个真正具有爱心的女孩，她不必刻意营造自己的形象，只要按照自己内心世界的需求来行事，她就能给世人一个完美的女性形象。杨澜的善良、美丽还有才气，就是整个女人世界的财富，也是每个女孩学习的楷模……

对于一个成长中的女孩来说，爱心是心智成熟的第一道关卡，只有拥有爱心，才能容纳整个世界，才愿意选择整个世界作为成长的背景，也才能成为最具发展潜能的优秀女孩。同时，独立是女孩心智成熟的第二个标志，只有独立的女孩，才能让自我价值得到最有效的挖掘。总而言之，为了完成心灵的建设，女孩先要融入整个世界，把自己和世界看成一个整体，包容一切，热爱一切，然后再把自己看成自己，爱护自己，成为自己，发展自己。

亲爱的女孩，你可以成为女神，如果你愿意。这个女神不是标的物，而是自己的灵性的透视版，是精灵成长蜕变后最美的结果。当然，你现在还是一名观察者、学习者，你还在参悟天道，还在感受女性的基因，但不断审视你的内心，发展女性伟大的爱，你就能掌控你的人生，即使是灾难，对你也是特别有意义的。到那时，你根本不用争论什么女神、精灵、天使的称谓，一切称谓都难以与你自身那种天然、神秘而强大的能量相匹配。

我是这样的——天使私密小档案

不要“如果有来生”
今生我是天使
美丽永恒
没有悲欢的姿势
时而点化自己
时而开示他人
时而迎风雨
时而沐阳光
不沉默也不喧嚣
不依靠也不孤独

很希望你能大声说：“这就应该是我！”

当然，也许你另有想法。

可是，你真的了解你自己吗？

愿意填写下面的档案吗？曾有女孩说，因为有这份档案，她在记忆的角落里找出那些被自己遗漏的珍宝！

EVENT HOME NAME

姓名：（大声读着写）

小名：，，，，

（看见逗号了吗？是要你填写所有的哦！如果可以，你要在下面写上赋予你这个小名的人，这个小名的意义，你对这个小名的感觉！）

出生日期：　星座：

出生具体时间：　出生地：

关于出生的故事：

其他纪念日（比如起名日、周年纪念日、学步纪念日）：

爸爸妈妈的姓名：

爸爸给你的世界是（这里要填形容词）样的

妈妈给你的世界是（这里要填形容词）样的

爷爷奶奶的姓名：

爷爷给你的世界是（这里要填形容词）样的

奶奶给你的世界是（这里要填形容词）样的

姥姥姥爷的姓名：

姥姥给你的世界是（这里要填形容词）样的

姥爷给你的世界是（这里要填形容词）样的

血型：　眼睛的颜色：

特殊标志（你与众不同的特征）：

与这个标志有关的故事：

过敏反应（比如对海鲜过敏，对药物过敏）：

HOME EVENT NAME

身高/体重（按年份填写）：

19　：（出生第一年，下同）	19　：	19　：	19　：
20　：	20　：	20　：	20　：
20　：	20　：	20　：	20　：
20　：	20　：	20　：	20　：

身高的苦恼或者快乐：

体重的苦恼或者快乐：

胸围/腰围/鞋子尺寸（按年份填写）：

19　：	19　：	19　：	19　：
20　：	20　：	20　：	20　：
20　：	20　：	20　：	20　：
20　：	20　：	20　：	20　：

胸围变化带来的性格变化：

（据《德国比尔德报》报道，性科学家皮伊罗罗伦佐尼说:一个女人的乳房和她的星座一样，可以表明她的性格。这个问题还有待进一步验证，但是至少你知道胸围变化给你带来的性格变化，那其实代表着你的心理成长历程。）

小蛮腰vs水桶的悲喜剧：

（人生本来就是一出悲喜剧，不过，塞翁失马焉知非福？）

电脑故事（与电脑有关的）：

HOME EVENT NAME

手机故事：

网聊故事：

你特别喜欢的事情：

你最讨厌的事情：

你的座右铭：

你特别喜欢的流行语：

你的梦想或者愿望及实现程度（按年份填写）：

19　：	19　：	19　：	19　：
20　：	20　：	20　：	20　：
20　：	20　：	20　：	20　：
20　：	20　：	20　：	20　：

你曾经受过的赞誉：

你最喜欢的人/这些人吸引你之处：

你最喜欢的老师/他教会了你什么：

你的行动力如何：

HOME EVENT NAME

短期目标/完成度：

中期目标/完成度：

长期目标/完成度：

（如果你从来没有制订过计划，那就太可惜了！不过亡羊补牢，为时不晚）

幼儿园（名称）：

地址：

老师姓名/手机号码：

幼儿园里最有趣（最让你讨厌）的事：

小学（校名）：

班主任老师/手机号码：

小学里最有趣（最让你讨厌）的事：

中学（校名）：

班主任老师/手机号码：

中学里最有趣（最让你讨厌）的事：

特长班老师/手机号码：

特长班里最有趣（最让你讨厌）的事：

EVENT HOME NAME

你最好的朋友名字：________________

他（她）的生日/手机号码：________________

他（她）的QQ/电子邮箱：________________

他（她）的家庭住址：________________

你为什么喜欢他（她）：________________

____

你最喜欢的科目是：________________

你是否知道如何做得更好：________________

你最讨厌的科目是：________________

你是否知道如何改变自己：________________

用一句话总结你的过去：________________

____

____

用一句话总结你的现在：________________

____

____

用一句话总结你的未来：________________

____

____

注：不用担心，这个私密小档案不用给任何人看，包括你的父母，它可以作为你的私密日记，陪伴你一生。当然，每一个时间段，你可能都会有新的感悟，有新的词条要填加，你要认真倾听自己内心的声音，根据那真实的需求，自己来填充它吧。记住：确保真实，这有助于你发现自己、发现未来哦。

女孩该怎样描绘自己的心灵地图

一年三百六十日，
风刀霜剑严相逼，
明媚鲜妍能几时，
一朝漂泊难寻觅。
……
怪侬底事倍伤神？
半为怜春半恼春，
怜春忽至恼忽去，
至又无言去不闻。

这是黛玉的心灵地图，那如泣如诉的语句，读来真是愁煞人。清人明义《题红楼梦》诗里说：“伤心一首葬花词，似谶成真不自知。”

其实每个人的心灵地图，描绘的都不只是当下，还有未来。因为你灵魂的感悟能力决定了你的未来走向。人生的首件必需品是一张描绘心灵的地图，那么到底什么是心灵地图？简单地说，就是你是谁，你现在从灵魂深处感受到了什么？海伦·凯勒说：“一个人感到有一种力量推动他去翱翔，他是不应该去爬行的。”这是海伦的灵魂发出的声音，你听懂了这句话，就能明白那个盲聋女孩凭借着普通的生命个体为什么能震撼整个世界，那不只是掷地有声的不朽巨著的作用，也不只是四处奔走，建起了一家家慈善机构，为残疾人造福的力量。

海伦当初也是消极厌世的，但她有幸遇到了莎莉文老师，是她，这个伟大的女人（而她的事业只是一名家庭教师）唤醒了海伦的灵魂。

那天，莎莉文在海伦·凯勒的手心写了“water”（水）这个词，但海伦·凯勒总是把“杯”和“水”混为一谈。莎莉文一遍一遍为她纠正，但海伦不耐烦了，把老师给她的新洋娃娃摔坏了。那时候，她是绝望的，她的灵魂是灰色的。

莎莉文老师又想了一个办法，她带着海伦走到水池边，握着海伦的小手把它放在喷水孔下，让清凉的水溅在海伦的手心上。接着，莎莉文老师又在海伦的手心写下“water”这个字。瞬间，海伦就明白了。海伦后来回忆说：“不知怎的，语言的秘密突然被揭开了，我终于知道水就是流过我手心的一种物质。这个字唤醒了我的灵魂，给我以光明、希望、快乐。”

海伦和黛玉有着截然不同的灵魂质地。海伦的灵魂为她描绘的是光明的世界，而黛玉的灵魂为她描绘的却是冷酷的人间。所以，海伦在黑暗中悠悠然度过了84个春秋，建功无数，被美国《时代周刊》评选为20世纪美国十大英雄偶像。而黛玉，只昙花一现，当曹雪芹揭开她的真实身份时，我们才发现她原来不过是“还泪使者”。

布莱兹·帕斯卡尔说：“如果你心灵空虚，那证明你正在寻找某种东西。”作为少女，你可能还无法弄明白灵魂那些事，这不怪你，但如果你知道有灵魂，却不愿意去倾听，那么你终将失去你自己。保罗·科埃略在《牧羊少年奇幻之旅》中借少年之口问出过你的心事：“为什么我们要倾听自己心灵的声音？”智者给他的回答是：“因为在你的心灵深处有属于你自己的宝藏。”

的确，那个宝藏里有一张地图，那张地图会告诉你人生的“五大基本问题”：

我是谁？

我如何成为今天的我？

为什么我会有这样的思考、感受和行动？

我能改变吗？

最重要的问题是——怎么做？

这五个问题在讲述什么呢？简单地说，就是怎么去认识世界、如何进行自我完善。

你的心灵通过什么方式告诉你这些问题呢？

比如，当你在一场考试中失利，败给了你的竞争对手，这时候你会非常沮丧，你会思考原因。你会想：我到底是哪里出了错？他为什么就胜过了我？我怎样确保下次胜过他？

再如，当你和一个同学一起做了一件好事，你的老师不知情，表扬了另一个同学，却忽略了你，这时候你会觉得委屈，怨恨老师，但你也可能立刻安慰自己：低调，不就是一件事吗，我现在不说，让老师某一天自己发现，那老师会对我刮目相看。

其实这些都是你的心灵地图，它描绘的是一个积极的、向上的、有点狡黠的、青涩的、却不乏远见的你，看到这样的你的形象，你就能猜到你未来会是什么样子的了。

但是如果你的心灵地图是这样的：继父不是我的父亲，哼，怎么可能疼爱我，平时他对我的好都是装的，我一定要对他保持足够的戒备。

或者是这样的：谁说那个女生优秀？她肯定有后台，没有背景，凭一个人的力量，怎么可能取得这么好的成绩？我要跟踪她，发现她的秘密，揭穿她。啊，那一定是一个惊天内幕。哈哈，我就是不让你好过！

这样的心灵地图描绘的人的性格是阴暗的、消极的、悲观的、怀疑一切的。这个人的将来也一定是错乱的、阴暗的。

当然，谁都不能保证人性永远是积极的，每个人都会有消极的情绪出现，这就需要你随时修改自己的心灵地图。要知道地图错了，你走的路也不会对。或许你并不在乎，因为你奉行“只问耕耘，不问收获”的人生哲学。但问题在于方向错误，“地图”不对，努力便等于浪费。唯有方向（地图）正确，努力才有意义。古人云：“流水淘沙不暂停，前波未灭后波生。”人生随时有变动，你就要时时检视你的心灵地图，以确保你未来的方向。

《少女灵修书》的作者梅姬·阿贝蒂曾经说过：“深层思维之美就在于，它总在那里帮助我们每一个人找到真正的自我。当那带有对自己不利的图像时，深层思维具备的制作新图像的能力，就让我们重新组织自己的思想，让我们接近真理。”

当然，如果你自己感觉没有修复心灵地图的能力，你明知道某些心理是不对的，可是却忍不住那样去思维，那么你就需要找一个心灵的老师，或者找一个诤友，指导你，监督你，帮你改正。

总之，发现你灵魂的真相，这已经迈出了第一步，只要有意愿，一切都会好起来。

描绘心灵地图所需要回答的五个实际问题：

我是谁?

我如何成为今天的我?

为什么我会有这样的思考、感受和行动?

我能改变吗?

最重要的问题是——怎么做?

梦里走的路再多，也留不下一个脚印

当欢笑淡成沉默，
当信心变成失落，
我走近梦想的脚步，
是否依旧坚定执着；
当笑颜流失在心的沙漠，
当霜雪冰封了亲情承诺，
我无奈的心中，

是否依然碧绿鲜活。
有谁不渴望收获，
有谁没有过苦涩，
有谁不希望生命的枝头挂满丰硕，
有谁愿意让希望变成梦中的花朵。
现实和理想之间，
不变的是跋涉，
暗淡与辉煌之间，
不变的是开拓。
甩掉世俗的羁绊，
没谁愿意，
让一生在碌碌无为中度过。
整理你的行装，
不同的起点，
可以达到同样辉煌的终点。
人生没有对错，成功永远属于奋斗者！

当年汪国真做出对生活的解读的时候，我们还没有对这个世界有丝毫的感悟。如今，我们羽翼未丰，却每每望着晴空，准备展翅高飞。可是我们的起点在哪里？我们现在是否已经在路上了？我们的方向又在哪里？

亲爱的女孩，没有理想的人生是空虚的人生，那对着晴空几欲展翅的幻想，就是理想的雏形。但是通常，在我们接受了规矩的校园教育和成人为我们做的塑形之后，我们大多会忘了自己最初的理想雏形，我们只是按照社会的要求，或者是按照老师、父母对我们的期望，给自己设定一个可以完成（也可能是没办法完成）的目标，比如，提高考试成绩，然后对着目标发力，完成看似有意义的人生。

真希望你现在还是一尘不染的，真希望你现在还执着于你最初的梦想。不要告诉我，一谈到“理想”，你的脑海里只有你曾经在作文本上涂鸦留下的模糊的文字，或是眯着眼睛旁若无人地做着白日梦。理想是你内心潜能的体现方式，在你最原始理想的推动下，你才能挖掘你深不可测的潜能。

如果你还是不能明白上面话的意思，那么看看下面这个故事吧：

奥拉26岁了，是一个来自内蒙古的小姑娘。就在2009年的夏天，她做了一件同龄人梦想却不敢行动的事情。她辞掉薪酬不菲而且得来不易的工作，背着背包流浪了整整6个月，然后，在2010年5月份出现在所有朋友面前。

朋友们发现奥拉变瘦了，但是却不再有原有的忧郁和不耐，她显得非常轻松、快乐。奥拉告诉朋友，她希望自己能做一名服装设计师，虽然这与她原来的工作——时尚杂志编辑——不能说一点儿关系没有，但毕竟关系不大。没有人相信她，这不过是一个爱做梦的女孩子的又一个梦想罢了，没有必要当真。

之后，奥拉的同事、朋友都与她失去了联系，直到2011年7月，她的同事才以另一种方式见到了她。那是一场国际服装大赛，奥拉是参赛者。奥拉的同事惊喜地发现，在才华横溢、富有激情、经验丰富的国际设计师面前，奥拉毫不畏惧，她的服装设计尽管稍显稚嫩，但却有着独特的创意，吸引了很多评委的注意。

仅仅1年的时间，奥拉，这个服装设计的外行人，居然一下子爆发如此的神力，成为服装设计领域的佼佼者。

奥拉的同事，她的老上级李思言采访了她。李思言第一句话就说："我不相信这是你的作品。"奥拉笑了，她知道这是李思言的一种表达方式，它表示这件事已经超出了她的想象力。奥拉给李思言看了自己网上的私密空间。

让李思言惊讶的是，在奥拉的网络空间里贴满了服装设计图。李思言一页一页点开网络日志，随着时间往前推移，李思言发现，奥拉自己做服装设计已经至少有10个年头。但10年前，她的作品几乎很难说是设计，就是3年前，她的设计也毫无章法。直到两年前，奥拉遇到了一个国际设计师，那人只是随便给她的设计做了几处指点，奥拉就茅塞顿开，接连设计了几种非常有格调的服装。

奥拉告诉李思言："以前，我把我的这种做服装设计师的想法当作一种白日梦，在我悲伤的时候我会躲进这个梦想里，在我疲惫的时候，我会拿出这个梦想刺激自己的激情。但不管怎样，我从来不相信我能做好这件事。我只是把这个想法当作迷幻剂，让自己不至于觉得人生活得不值得。直到有一天我看到了这样一句话：'你今天走的每一步路都是明天的历史。在你临终前，这部历史书会详细地展现在你的面前。如果你不想在最后一刻发现你的历史是空白的，那么从现在起就去完成你的梦想吧。’”

“然后你就辞职了？”李思言问道，有点酸溜溜的，但她的语气是在质问，好像她还是她的上级，还在向她发号施令。奥拉没有理会李思言的这种领导风格的语言，她认真地说：“我只不过是在完成我的梦想。我不希望它一辈子都只是一个幻想，是一个影子，我永远也抓不住的东西。徐静蕾有部影片叫《梦想照进现实》，2010年我的座右铭就是：让梦想照进现实。”

采访结束后，李思言感觉自己居然无法写好这篇文章，她的心始终是雾一样的。

千万别以为这是那些比你大的姐姐或者阿姨的事情，与你无关。其实，如果你现在不敢去发现自己的理想，不敢去创造条件完成自己的梦想，那么你将来肯定会碌碌无为。

当然，如果你希望你这个人，连同你的名字，你的一切都淹没在茫茫人海中，或者你喜欢随波逐流的感觉，那另当别论。如果你不想你的人生活在毫无意义的机械重复中，那么就去发掘你的理想，去描绘你的理想，去制订计划完成你的理想。

只是，人生并不只有一个理想。不同的年纪，不同的知识水平，不同的思维方式，不同的天赋才能，决定了你的理想永远与众不同，甚至与自己的其他时期也有差距。

有一位著名的泰国作家在自己的作品里写道：

小学的时候，我喜欢穿粉红色的连衣裙，有蓬松的喇叭袖，腰间镶着美丽的蕾丝，头上总是扎着大大的发球（我喜欢大的，那是我的理想，所以，如果不是大的，我会感觉这一天过得无精打采，我对这句话深信不疑：发球的大小和女孩子的自尊心成正比），还一定要穿上画有魔法公主的鞋子。

那就是我那时的理想了。但之后我爱上了读书，没有书我觉得人生无法想象，因此即使是去旅行我也要带上自己喜欢的书籍。之后，我就看到了《环游世界80天》，我觉得我命里注定要去流浪。从那时候起，我就开始做准备，我锻炼身体，我学习旅游常识，我阅读地理书籍。你可能无法想象，我甚至学会了画地图。

我10岁那一年，我的一位阿姨问我理想是什么，我随口说："去英国。"那时候我正在学习英国的地理知识。阿姨问我："你去那里得用英语和人家交流，你的英语怎么样？"我一下子傻了眼，同时我也意识到：要想和世界各国不同的人交流，就一定要先学好英语。就这样，我开始努力地学习英语，渴望有一天能完成我的这个梦想。

我那时候经常会很激动，我把我的理想记在我的日记本上，得意地写道："谁也不会想到我小小的脑袋里藏着这么一个伟大的梦想，就像谁也不会想到昔日那个梳着羊角小辫、忽闪着眼睛、坐在图书馆角落里的小女孩有一天会成为一个总在匆忙翻找着机票的公主……"

如今，我的这个梦想已经一步步完成，我到过七大洲，掌握了5种外语，而且，我敢说，我说得都非常流利，我还对至少20个国外大型城市的经济、生活、历史、地理、文化相当熟悉。别以为我只是玩，我还负责文化交流，我也愿意参加各种公益事业。我现在觉得此生没有虚度，尽管我只有38岁。

亲爱的女孩，希望这篇文章能够让你走出"理想就是难以理解的幻想""现实总是会让你的理想翻船"的思维误区，认真和自己

对话，找到自己的理想。

总有一些人，愿意为理想而活着。2011年央视春节联欢晚会上，那个抱着吉他的西单女孩，深情地唱道：

现实究竟有多残酷
只有付出了才能够体会
每天给自己一个希望
希望就会变成力量
我多想告诉全世界
就算漫天的风雪
也阻挡不了我奋飞向前
我多想告诉全世界
输赢不是个结果
而是人生旅途美丽的风景

如果你现在已经被父母或者老师灌输给你的“物化目标”（那不能称为理想）束缚住了，认为人首先要活在现实中，理想都是不现实的，那么听听白岩松的话吧：

“青春是人生中最艰难的岁月，我们上大学时，有一首诗写道：二十一岁我们走出青春的沼泽，但青春又是人们万分留恋的，正因为它有浪漫和理想，可以勇于犯错敢于尝试，一旦时代把这些都剥夺了，那青春不只是沼泽简直是沙漠了。年轻人可以制订将来工资多少、在某领域达到什么地位的目标，但确定自己的目标一定要伴随着其他，比如理想、幸福、信仰，自己的‘人’字要写多大。因为往往你实现了目标，反而万念俱灰，你赢了所有内心想要的，但不开心，还是输了。”

杨澜给女孩的心灵“秘籍”

杨澜，女人的典范，知性女人的典范，知性女强人的典范。宋丹丹曾经在小品中说过这样一句话：“做人难，做女人难，做名女人更难。”那么已经达到女人典范的杨澜是怎么做到的？听听她给女孩的忠告，或许我们就能找到成功之门的钥匙。

第一，拥有品位。

每个女孩都有天生的经营自己的欲望，只是大多数女孩都让这种经营体现在外表上，而顾及不到内涵，这就难免会失去你最重要的东西。因此，杨澜告诉女孩：要学会与思想交朋友。当你拥有美丽的心灵和高尚的品德，懂得用脚踏实地的奋斗把自己的刹那芳华变为一生一世的美丽，那么你才是成功的。

当然，**每一个女孩都是特别的，都应该有自己独特的品位。**可能很多女孩会觉得品位与时尚或奢侈品是挂钩的，其实不是，品位是一个人观察事物时的态度。同样的东西，不同的人看会呈现出不同的样貌。物品本身的价值与品位的高低是没有关系的。女孩要学会发现，学会欣赏，学会选择。更重要的是，女孩要用自己的品位来修饰自己的外表和内涵。

杨澜说：“有品位的女人，应该是这样的：永远得体的装扮，永远脱俗的气质，永远微笑着聆听，谈吐文雅大方，从不张扬，不会浓妆艳抹，不会紧跟时尚但修饰十分得体，让自己从里到外都散发出动人的光芒。”

“品位”是一个内涵宏大的词汇，仅凭一两句话很难说清楚，它需要你认真面对自己的内心，找到自己的独特之处，乐观面对生活，经年累月总结对生活的感悟，慢慢修炼而成。

第二，养成看书的习惯。

思想从何而来？从阅读而来。喜欢看书的女孩，她一定是沉静的且有着很好的心态，她一定是渊博而又内敛的，她不会被世俗诱惑，她不会被浮躁吞没。因为在书籍的海洋里，女孩可以吸收大量的精神营养。喜欢看书的女孩，她一定是出口成章且优雅知性的女人。认真地阅读，可以让心情平静。一本好书通常都藏着一种高级的人生秘密，带着诱惑，带着智慧，扑面袭来，给人以愉悦感、震撼感。

一个喜欢看书的女孩会永远保持着对这个世界未知的好奇心，这是一种永久上进的动力。你难道不愿意拥有这种动力吗？

第三，要试着发现生活里的美。

生活是什么，不同年龄的女孩可能有不同的答案。每个人都有一个生活态度。其实生活什么也不是，“它就在那里”，不悲不喜，不愁不苦，没有恶念，也没有善行。

生活是执着的爱人，永远伴随你左右，但你常常视若不见。生活拥有最美的声音，为你谱过最美的曲子，但你常常听而不闻。闭塞视听的结果，让你学会了掩耳盗铃，你企图从别处盗取美丽，但美丽不在别处，“它就在那里”，就在你的内心深处。

如果你还沉浸在那些灰暗的小说之中，如果你还逃离不了那些让人迷乱的电视剧情，那你怎么去发现生活中的美呢？

学着用乐观的态度看待自己、看待生活，生活就会给你以愉悦作为回报。无论发生什么，那都不应该成为你消极的理由。

第四，跟有思想的优秀人交朋友。

《孔子家语·六本》：“与善人居，如入芝兰之室，久而不闻其香，即与之化矣；与不善人居，如入鲍鱼之肆，久而不闻其臭，亦与之化矣。”因此，孔子跨越千年，不忘对中国的后代子孙谆谆教导：同比自己贤明的人在一起，道德修养将日有提高；同才能品质比不上自己的人相处，道德修养将日渐丧失。的确，不了解孩子如何，看看孩子的父亲或者母亲就知道（孩子将来的情况）了，要想了解一个人，看他周围的朋友就可以了。所以，如果你想成为有品位有内涵的人，这一条必须要遵守。

第五，远离泡沫偶像剧。

杨澜之所以会把这一条特别提出来，是因为大多数女孩子都有喜欢泡沫偶像剧的倾向。电视里的白马王子与灰姑娘都是生活里的男孩或女孩向往的，但它并不是真的存在的。看久了，会让你对生活失去判断力和欣赏能力。而且大多数偶像剧都只是通过曲折的情节而制造观众的情绪波动来博取收视率的，它是超越了生活的，并不能与现实生活挂钩，女孩子不应该再沉溺于这种假造的童话氛围里了。如果你真喜欢看电视，那不如多看一些能够帮助自己的节目。

宣扬错误的人生观与价值观的电视剧对于你来说就像是饮鸩止渴，像一夜暴富或是一夜一贫如洗在生活里或许会有，但不会像电视剧里播放的那样简单而有目的性，爱情与亲情也没有影片里的那样决绝与残忍，或者腻得化不开。相信一个优秀的女孩，应该不会花大把的时间沉溺在偶像剧里。

第六，学会忍耐与宽容。

每个女孩都是女神，是能包容得了天地的女神。如果你连一点忍耐和宽容都没有，怎么去发现内心的女神？你又如何去创造人生的辉煌？

再说，社会并不是一个任性的地方，那些大小姐的脾气要慢慢地收敛了。过于计较可能会让你在不经意间失去自尊，这会影响你的品位和内涵。你肯定不想自己成为被人指责的没有教养的人吧？

不要以为这应该是男人的胸怀，作为一个女孩，你的包容和忍耐将会比一个男性所具有的影响力更大。所以，即使你遇到了不友好的人，也要学会善意地微笑，那将会成为你的资本，在你的未来之路上给予你最好的回报。

这一节内容有些多，但请你忍耐一下，认真看完，因为杨澜是在经历了30多年的丰富历练之后，才总结出这样字字珠玑的人生经验和感悟，不夸张地说，每一条都浸染着她的心血。

第七，培养健康的心态，重视自己的身体。

心态决定命运，这话一点都不夸张。一位伟人说过：“要么你去驾驭生命，要么是生命驾驭你，你的心态决定了谁是坐骑，谁是骑师。”

身体是革命的本钱，这话一语中的。任何一个女孩，千万不要为了这样或那样的理由不照顾自己的身体，不管明天有多么的美好，而你总是以一副消极的姿态去迎接它，也并不会感觉到它的美好的。

当然，杨澜还有很多其他方面的建议，只是那是关于婚恋方面的，你还小，等你再长大点，再聆听她的教诲也不迟。以你现在的年龄，能把上面这些人生感悟消化好，就等于为你未来的成功和幸福做了一个最好的铺垫。

杨澜给女孩的忠告：

◎拥有品位。

◎养成看书的习惯。

◎要试着发现生活里的美。

◎跟有思想的优秀人交朋友。

◎远离泡沫偶像剧。

◎学会忍耐与宽容。

◎培养健康的心态，重视自己的身体。

寻找幸福：看向已知、未知的自己

幸福是女人的终身事业，所以从现在开始，你就要学会获取幸福密码的能力。但是幸福是什么呢？是得到最多的东西，是随心所欲的生活吗？显然没有这么简单。据哈佛大学最受欢迎的幸福课教授沙泰勒·本—沙哈尔说，幸福就是能够找到一个明确的、可以带来快乐的并有意义的目标，并能努力去追求。当然，认识这个目标之前，你还得找到自己，得学会看向已知、未知的自己。从“今天”起，做一个幸福的人，“面朝大海，春暖花开”。

美丽——女孩的资本，女孩的痛

女人的美丽从来就不是错误，如果这个世界只有男人，那么不知道要失去多少色彩呢！不信你看那些形容女人美丽的词句就可见一斑：

亭亭玉立、窈窕淑女、艳若桃李、活泼可爱、花枝招展、婀娜多姿、面若桃花、水灵秀气、樱桃小口、仪态万千、国色天香、闭月羞花……

寻找幸福：
看向已知、未知的自己

北方有佳人，绝世而独立。一顾倾人城，再顾倾人国。宁不知倾城与倾国，佳人难再得。

腮凝新荔，鼻腻鹅脂，温柔沉默，观之可亲。

……

作为女孩，谁不希望自己有倾国倾城貌、沉鱼落雁容呢？可在渴望美貌的同时，你难道对于“花瓶”这个词汇没有一点抵触情绪吗？

一些过来人（特别是女性）通常都会这样告诫女孩子：美丽的容貌、漂亮的外表对于一个女人来说真的非常非常重要，它会让你很容易地攻克一些难关。不管说这话的是天生丽质的人，还是貌若东施的人，也不用管这话里到底是得意还是醋酸，只去看话里的信息，你会发现，美貌竟然等于结果。

有人说：“女人啊，你不必会写诗，只要你长得像一首诗就行了。”听听，这是发自社会内部的声音吗？是我们每一个女孩必须要面对的未来吗？那不过是一个男性的说法，或者说是一个依附于男性的被驯化了的女性的说法。那不应该是属于你的。因为如果你没有花容月貌，难道你就没有活着的资格了吗？

这里不想说“女人心灵美比容貌美更重要”，教科书或者品德老师已经在你的耳边唠叨了几万年了。我们可以闭口不谈。我们谈谈那些更有意思的事，诸如“对容貌的认识决定了女孩的内心”。

那些稍微不美的“过来人”都有这样的经历：在青春期，她们遭遇了容貌上的打击。因为害怕被人（男生哦）瞧不起，总是要多照照镜子修饰一下自己，可装扮来装扮去，还是发现自己总是不如某某（一般都指校花）美丽，于是开始自轻自贱、自怨自艾、自毁自残。这个时候的她们，对“自惭形秽”这个词格外敏感，这个词像恶作剧一样总是在她们的脑海里徜徉，无视大脑另一部分那满满

的憎恨与嫉妒。

当到了不再害羞的年纪，回首往事，这些人又会大发感慨：“其实我根本就没有那么难看，也没有那么不堪，真不知道当时为什么就是和自己过不去？”下面是一个女人的回忆录：

从高中开始，我喜欢上了一个男孩子，一直默默地喜欢着，但却又觉得很“无耻”。对，你看到的词没有错，就是“无耻”。因为我觉得自己很丑，这么丑的一个人是不配和他说话的，更不配喜欢他。瞧瞧，我当时的想法有多么糟糕。

因为有这样的想法，我觉得自己犯了一项大罪，我不断鞭打自己的灵魂，告诫自己：你很丑，就别再出丑了。这样做的结果是：我不敢在众人面前说话，不敢在男生面前行走，不敢和女生讨论男生的问题。慢慢地，我发现自己变得非常自闭、呆板，我充满了自卑，认为生活毫无希望。

大学毕业后，有一个男生说喜欢我，我几乎欢天喜地地就答应了，并以最快的速度嫁给了他，完全没有去考虑我们之间是否合适的问题。我始终认为：这是我唯一的机会，好不容易有个人看走了眼，我必须抓住这根救命稻草。

结婚后，我自然过起了相夫教子的生活，我不敢去找工作，因为我害怕，害怕在那美女如云的办公室里成为一朵乌云，不断遭遇雷击和霹雳闪电。

我的自卑带给我的是一个糟糕的世界，我依附于我的老公，不敢面对自己，不敢去看整个社会，我成了一个无知的蠢女人。正如我开始预料的，老公很快就后悔了他娶我的决定，他说我简直不可救药，他公开宣称他一定会找个“小三”回来，否则他的人生就彻底被我毁了。

那时候，我每天都在哭泣，就像生活在地狱里，不知道为什么上天如此不眷顾我。每天深夜，我都在向苍天质问：到底我哪里做错了，给我这么重的惩罚，连一点活着的路都不给我。

老公见我如此，慌了。他后来告诉我说：那些话不过是和我在开玩笑，他希望我能振作起来，不要像个无能儿。老公给我请了心理咨询师。

我记得心理咨询师见到我的第一句话就是："您很漂亮。"那时候我非常排斥这句话，我心里说："您饶了我吧，可别这么讽刺我了。"没想到，我老公在旁边说："我媳妇美是美，可惜她就是无法发现自己的美。"这句话令我深感震撼。

接受完心理治疗，回到家里，我偷着照镜子，精心打扮自己，我的确发现了美的轮廓，俏的眉眼，我有些不敢相信，但是我强迫自己相信。

后来，你大概也能猜到结果，我不断告诉自己，我很漂亮，我是个受欢迎的人。我刻意打扮自己，哪怕只是在家带孩子，我也把自己打扮得漂漂亮亮的，我老公发现我的变化，几乎每天都夸赞我。我为了得到他的夸赞，费尽心思。

直到有一天，老公在我还没有打扮的时候就回到了家里，我那时候心里害怕极了，以为他又会开始鄙视我了，我忐忑不安地等着。谁知等来的却是老公的惊叹："原来你素颜也这么美。"我一下子震惊了，就在那一刻，我忽然觉得我如此纠结于容貌实在是太幼稚。

孩子上了幼儿园后，我找到了一份工作，我变得越来越自信。这还不是最重要的，重要的是，我发现自己看到了更广阔的世界。

虽然这是一个特例，但是这个例子里却反映了大多数女孩对

于容貌的依赖性。一旦认定自己的容貌是丑的，就会给自己戴上枷锁，不容许自己做任何探索自我、探索未来的事情。束缚了自己，耽误了人生。

当然，还有一种极端，那就是认为自己是美的。女孩一旦认定自己是最美的，就会极度重视自己的容貌，容貌成了她的第一盛事，马虎不得。有一个15岁的女孩说：“如果有一天睡不好，我绝对不会去见人。”这时候容貌不再是上天对她的恩赐，而是上天给她的累赘。想想，这是多么可悲的事情。

更加可悲的是，一些女孩在得意于美的同时，也失去了奋斗的雄心，她们认为美就是全部资本，只要美丽在，她们就可以坐享其成，结果怎样可想而知。

这告诉你什么呢？你可以重视容貌，但不要妄自菲薄，也不要孤芳自赏；你可以修饰容貌，但你更需要修饰你的内心，毕竟，你的内涵比容貌留存得更久一些。

纯净的心灵才能塑造永恒的靓丽

除了容貌，在公众心中，当下什么样的女性最美丽呢？

作家毕淑敏曾这样阐释女性之美：**“当我们说一个女人是美丽的时候，我们的心里更多地感受到她的温暖、亲切、美好和快**

乐，她接受并喜欢自己的性别，她是自信、坚定、自爱和爱他人的，拥有爱心、孝心、善心。”

一个最美的女人一定是一个因善而凝聚智慧的女人。

为什么？因为善良的人才能被人信任，善良的人才会给人安全感。同时，只有善良的人的心才能是静的，善良的人永远心安，心灵没有负重，生命自然和谐，自然能保证美丽的容貌。如果一个人天天想着算计这个，丑化那个，防备这个，排挤那个，心累，面容自然也会显得衰老，而且皱眉的痕迹也会丑化人的容貌。也许，善良还会给你带来别的，你看：

在一个寒冬的夜晚，一对中年夫妇带着一个受伤的小孩子到一个小旅馆投宿。由于旅馆离温泉很近，所以已经客满。天寒地冻的夜晚，在这个地方找旅馆是相当困难的。那个妇人听完旅店前台女服务员说“客满”后不禁抱怨道：“这已是我们寻找的第十六家旅馆了，这鬼天气，到处客满，我们怎么办呢？孩子怎么办？”

前台女服务员看到那个孩子的脸已经呈现紫色，尽管她穿着厚厚的衣服，但显然还是很冷。前台女服务员觉得孩子很可怜，她想了想，便建议说：“如果你们不嫌弃的话，今晚就住在我的床铺上吧。”那位妇人满脸惊喜，但随后问道：“那你呢？”前台女服务员说：“我值夜班，不用睡觉。”

这对夫妻非常感激，但是前台女服务员的床太小了，母女两人睡在上面还可以，根本容不下第三个人。前台女服务员又找来很多泡沫板和棉被，在一张宽大的桌子上替那位先生也搭了一个床铺，夫妻俩真是千恩万谢，他们美美地睡了一觉。

第二天夫妻俩要照店价付客房费，前台女服务员坚决拒绝，

她非常严肃地说：“如果你们给我钱，那我就是违反规定，我要被罚款，还要被辞掉。”夫妻俩见她如此说，只好走了，临走时，这对夫妻由衷地说：“你将来必能成大器。”前台女服务员微微一笑，说：“那是我追求的梦想，谢谢你们。”

妇人走出很远，还在念叨着这个前台女服务员的善举，她激动地说：“我决定了，就是她了。”丈夫看了她一眼，点点头，没有说什么。

3年后，这位前台女服务员收到了一封发自纽约的信函，信中夹有一张往返纽约的双程机票，信中邀请她去拜访当年那对睡她床铺的三口之家。这个姑娘很高兴，她马上来到繁华的大都市纽约，见到了这对夫妻。

这对夫妻把她引到第五大街和三十四街交汇处，指着那儿的一幢摩天大楼说：“这是一座专门为你兴建的星级宾馆，现在我们正式邀请你来当总经理。”

小姑娘的嘴惊得张成了“O”形，来到纽约已经是一个美丽的梦啦，在这里——最豪华的地段、世界级的宾馆，这不是天方夜谭吗？然而这是事实，这就是著名的奥斯多利亚大饭店经理伊丽莎白·波菲特和她的老板威廉先生一家的真实故事。

这是个看起来功利色彩特别浓的故事，不管怎样，善良对于你来说没有坏处。如果谁还在你的耳边告诉你说“善良是愚蠢的代名词”，相信你会拜托他走开，因为你看得比他更远。

据英国的一项研究显示，基因和环境对形成“有益社会”的性格都有作用，但男女有别，女性天生更加善良一些。

英国爱丁堡大学的研究人员在英国某期《生物学通讯》杂志上报告说，他们对958对双胞胎进行了调查，其中既有基因完全相同的同卵双胞胎，也有存在基因差异的异卵双胞胎，以研究基因和环境各自在多大程度上影响性格。结果显示，基因和环境在形成善良性格方面都有作用，但人与人之间不一样，且存在明显的性别差异：女性的善良性格在约50％的程度上来自基因，而男性的这一比例只有约20％，即男性的善良性格主要靠后天培养。换句话说，女性“人之初，性本善”的程度要高于男性。

而对于十几岁的女孩来说，还没有经过社会的浸染，再加上大多数女孩子都是听着善良和邪恶作斗争的童话故事长大的，在很小的时候，女孩子们就已经形成了善良的思维方式，即使在生活中遭遇一些挫折，这种善良的本性也不会遗失得太多。

一位19岁的少女在踌躇满志地迎接2007年高考之际，却惊闻在异乡打工的父亲身患绝症，即将被摘除双肾，生命危在旦夕。然而，她的家家徒四壁，在筹钱无望、肾源迟迟找不到的情况下，为挽救父亲，女孩作出了让常人难以想象的决定：她毅然决然地为父亲捐献出了自己的右肾。

这个女孩的名字叫曹瑜，在没有发生这件事之前，她只是一个普通而快乐的女孩子。她爱自己的父亲，但因为父母经常外出打工，很难相聚。在作出为父亲献肾决定的时候，她从来没有考虑到爱心、孝心、善心之类，她只是在做自己，只是在做自己应该做的事情。

最让人感动的是，曹瑜在换肾之后，为了使父亲尽快恢复健康，做出了一个更艰难的决定——带父上学，以便能随时照顾父亲。当学校的同学和老师们知道了曹瑜的行为后，都被她的这种精神所感动，纷纷伸出了援手，学生们为她捐款达2400多元，学校也免去了她那一学期610元的学杂费用。这件事一传十、十传百，当地政府很快也知道了，他们为县里出了这样的孝女而自豪，也为他们送去500元的慰问金和生活用品。邻居、乡亲也陆陆续续给他们送来蔬菜、大米、腊肉等生活物品，表达一份质朴的心意……

这一切让父女俩感到无比温暖，更激发了曹瑜对生活的热爱和追求理想的信心与决心。

希望你不要把这个事当成一个“献爱心”宣传片里的故事一样看，只是一个普通的小女孩的善心。那个小女孩，是曹瑜，也可能是你。因为你和她一样善良，你和她一样有一颗纯美的心。

你，和你同龄的女孩，是社会未来的希望，是人类未来的纯净之源。爱你自己吧，爱上你自己的善良吧，它将会给你带来一生享用不尽的财富。

有一种魅力，叫气度超群

“生当作人杰，死亦为鬼雄。至今思项羽，不肯过江东。”很难想象，这首诗出自一名封建社会弱女子的手笔，其超凡的气度，深远的意境，连须眉也自叹弗如。也许这就是李清照备受当代女子喜欢的原因之一吧。

寻找幸福：
看向已知、未知的自己

女人可以是座山，屹立于天地之间，女人更应该是水，“上善若水，为而不争”。水无形，但水能容万物。亲爱的女孩，不管你将来要做什么，哪怕你并不愿意用所谓的高远的物质目标来束缚自己，你也应该有这样一个目标，成为一个有气度的人。

可能你喜欢撒娇，可能你有点慵懒，可能你还具有那么一点点依赖性，但是我知道，你喜欢“气度”这个词，你喜欢这个词传达给你的那种感觉。如果我猜对了，那么请你慢慢学会开放你的胸怀，让你的气度来悦纳你的人生。

还用问为什么吗？这是非常明显的道理。好吧，这里转述一个商店老板讲的故事：

我是一个小店主，虽然这个小店没有给我带来多少财富，却也让我乐在其中。

有一对小姐妹每天放学后，一定会一起到我的小店来。她们和别的孩子没有什么不同，所以开始的时候我几乎没有注意到她们，尽管她们这种双胞胎走在大街上会很吸引人的目光。直到我见识到她们之间相处模式那一刻开始，我才开始留意这对小姐妹。

我正低头给一个顾客找他要的饮料，就听一个尖细的声音在喊：“你是笨蛋吗？这个快要到期了，还拿。”我抬起头就看到了这对小姐妹。她们长得一模一样，但说话这个显得更机灵一些，而另一个则看起来很活泼，她笑嘻嘻地听着这个机灵的女孩训斥着她。我断定这个机灵的一定是姐姐，只有姐姐才有资格教训妹妹，这是传统家庭培育出来的结果。

这之后，这对姐妹经常来店里，我得以经常听到姐姐的训词。最常听见的有：“你这个笨蛋，怎么就不能机灵点。”要不然就是："你是白痴呀！明明写买一送一，你还只拿一个。"妹妹嘻嘻一笑，赶紧去又拿一个。更狠的一次，姐姐大声骂道："你这只猪，金额超过了，你不会算吗？"妹妹显得有点沮丧，但最后还是笑了一下。

我很替这个妹妹抱不平，于是在她们来的时候，我会小小刁难一下姐姐，比如，我会让姐姐算账，而照顾照顾妹妹，让妹妹去拿物品。慢慢地，姐姐有所察觉，在店里，她骂妹妹的时候少了，但只要出了店门，那种咒骂就又开始了。我只是陌生人，无权参与姐俩之间的问题，只能默默看着妹妹难过。

一天，妹妹独自一人来了，我见机会来了，就和妹妹聊起天来。

"妹妹，今天怎么只有你一个人？"我问。

"姐姐感冒了，请假了。"妹妹朝我一笑，那可爱的笑容如往常一样印在她的脸上。

"我觉得你姐姐好凶喔！"我试探性地表示，毕竟那是她的姐姐。

"还好吧！"妹妹无所谓的样子。

"可是她每天都那样骂你，你不生气吗？"我见妹妹并没有表示反感，就继续追问道。

"爱生气的人是她又不是我，而且被骂一下又不会痛。"妹妹嘟嘟嘴道。

我一下子豁然开朗，啊，其实事情就是这样简单，不能为生气的人而生气。而我却一直以为我在打抱不平，有什么不平呢？我傻傻地问："你几岁？"我的意思是小小年纪居然如此聪明彻悟。道理虽然简单，但不知曾经难倒过多少成年人呢，我不也是执迷不悟的一个吗？只是小妹妹在远处低头寻找她要买的一个贴纸，没有听见。我耸耸肩，庆幸她没有听到，仿佛我做了一件非常愚蠢的事情。

一会儿，她过来了，“阿姨，我要买这个。”我一看，她拿一本贴纸和一个冰棒，冰棒正是促销品，于是我对她道：“妹妹，这个现在买一送一！你可以再去拿一支。”

我以为她的反应一定和其他小朋友一样，先是眼睛一亮然后满心欢喜，不料她却对我说：“可是我现在只想吃一支就好，另外一支就送给别人好了。”说完对我挥挥手便走了。

我又一次呆住了，有那么一刻，我甚至觉得自己很像白痴。是的，我的意思是说，我的修行真的不如一个孩子。

不知道这个故事是否曾给你震撼？反正我的编辑部里有人讲了这个故事之后，很多二十几岁的女孩子都惊叹不已。很多人纷纷上网查阅这个故事，力图更接近这个现实社会中真实存在的小女孩。更富戏剧性的是后面的故事，我们虽然没有找到故事的原型，但另一个接近于这个“妹妹”的原型却在我们附近诞生了。

编辑部里的一位妈妈回家后把这个故事讲给了自己的女儿听，显然小家伙也被感动了，她“虔诚”（女孩的妈妈语）地写了一篇短小的日记：

妈妈给我讲了一个故事，我很受感动。故事的内容是这样的：有一对小姐妹，姐姐脾气异常火暴，经常很凶地数落妹妹。妹妹不据理力争，而且还能神情愉快地说：“爱生气的人是她又不是我，被骂一下又不会痛，不要理她就好了。”而且，最让我

不可理解的是，当商店里的阿姨告诉她买的冰棒可以再送一支时，她也不贪心，说另一支送给别人好了。我非常惭愧，我不但爱生气，而且有那样的好事我一定不会放过。

这个小女孩真好，她有两种品质需要我学习，她的豁达大度，与别人友好相处，她的不贪心的好品质，令人佩服。

我有一个堂妹，是我叔叔的女儿，平时我们经常会为一些小事情闹矛盾，比如因为一个漂亮的发卡，一个啪啪圈，一本有趣的书……妈妈总是对我说："你要让着妹妹，你是姐姐。"可我心想：凭什么？姐姐就该死吗？

可是自从听了妈妈给我讲的这个故事之后，我发现我的做法很丢人。妈妈没有教育我要怎样做，但是我从妈妈的表情看得出来，她真的很钦佩那个"小妹妹"。我于是就和妈妈约定：我再和妹妹争东西生气时，让妈妈喊："小女孩的大气度！"这样，我立刻会想起文章里的那个小女孩，并会向她学习。

这位妈妈说："文章虽然有些程式化，但我发誓，我一点教育她的意思都没有，我只是给她讲了这样一个故事，也没有让她怎样。谁知她就给我写了这个。我看到之后，比听到那个故事还震撼，我就想，孩子的心如此纯真，她能很快就发现什么是美的，并能督促自己去学习这种美。"

没错，我也学学这位妈妈的样子，不再讲大道理，因为所有的女孩子都和这位妈妈的宝贝一样，是世界上最纯洁的女孩，你也一样，我相信你能够辨识什么是美。如果你需要这种美，那么从现在开始，就克制自己，让自己变得更有气度吧。

如果你真的做到了这一点，那么你可以特赐给自己一个封号："神仙妹妹"。

女孩，活得真实才活得精彩

现在，模仿秀节目越来越多，因为和明星容貌相似，很多人一夜成名，但也很快就变得寂寂无声，因为他们没有自己，只是一个空壳。他们在模仿明星，但明星没有做好，自己也丢了，就像“邯郸学步”。先看一下狐狸的故事吧，它学老鹰的后果有点严重。

狐狸目睹了老鹰捉小兔的一幕。只见雄鹰从天而降，利爪瞬间就掐住了正在飞速奔跑的小兔子的脖颈，然后腾空而去。狐狸抬头时，只看到老鹰那巨大的影子。

之后，狐狸又目睹了老鹰捉小鸡、老鹰捉蛇、老鹰捉鼠，越来越多的小动物死在老鹰的利爪之下。狐狸既惊恐，又为鹰的王者气势和威风所折服，它于是决定学习老鹰。

狐狸将自己的双爪打磨得无比锋利，还请巧手的工匠为自己打造了一副飞行的双翅。没有多久，狐狸看起来就非常像老鹰了，当然，是翅膀的威风劲帮了它。

狐狸得意地出发了，它全副武装从高坡上“飞”向一只兔子，但兔子仅仅一个转身，狐狸就撞到了坚硬的石壁上，由于用力过猛，狐狸撞得头破血流，当场毙命。

狐狸啊狐狸，其实，你只是一只狐狸。一旦你不做狐狸，就失去了狐狸的精明了。学老鹰？笑话，不摔你个粉身碎骨，你真记不住这个教训。

聪明的女孩，一定要勇敢地做自己！不要怕自己是普通女孩，要记住："把平凡做好就是不平凡。"也不要担心自己备受排挤，要知道："真理往往掌握在少数人手里。"

作为20世纪最富传奇色彩的女性，直至今天，伊莎多拉•邓肯仍然被很多人记得——她突破了古典芭蕾舞的长期垄断地位，她所达到的艺术水准至今仍令世界舞蹈界的人们赞叹不已。

能取得今天的成绩，完全靠伊莎多拉•邓肯对自我的认识和肯定。邓肯的母亲是音乐教师，培养了邓肯的舞蹈志趣。邓肯6岁就能教小伙伴跳舞。后来，母亲送她到名师那里去学芭蕾舞。芭蕾舞在当时是西方舞台的主流，高雅、神圣，不可侵犯。但是，小邓肯只学了三堂课后就放弃了，她认为芭蕾舞约束人的舞鞋和束身衣不能表达她的舞蹈理念。尽管她年纪很小，但是知道自己想要的舞蹈不是这样的。

她认为理想中的舞蹈应该是这样的：一定要表现人类的精神与灵魂，只有建立在自然的节奏和动作之上的舞蹈才更具美感，去解释和表演音乐家的作品才更具有说服力。母亲无法说服邓肯，只好由她去。从此之后，邓肯开始了漫长的自由舞的探索之路。

邓肯从古代雕塑、绘画中找到了她认为理想的舞蹈表现方式：身着长衫，赤脚，动作酷似树木摇曳或海浪翻腾。她从古典音乐中汲取灵感，追求"可以通过人体动作神圣地表现人类精神"的舞蹈。在排练室中，邓肯常常一动不动地伫立几个小时，双手交叉放在胸前，不停地思索，努力寻找舞蹈动作的最佳喷发点。

寻找幸福：
看向已知、未知的自己

邓肯发现：技巧会玷污人体的自然美，动作来源于自我感觉，舞蹈应该自始至终都表现生命。在邓肯潜心钻研自己的舞蹈时，很多人跳出来告诉她：这样做不对，这种舞蹈不被社会所认可，真正为社会认可的舞蹈是芭蕾舞。邓肯不为所动，坚持自我。

二十几岁时，邓肯迎来了自己的成功，她在英国开辟了新的舞蹈天地。演出时，她彻底抛弃了传统的舞鞋和舞衣，改穿宽松裙袍或透明纱衣，赤着双足，自由摆动，自由起舞。观众们很快喜欢上了她的舞蹈，她像森林女神一样，像海的女儿一样，薄纱轻衫、赤脚起舞。

但很快邓肯就发现，喜欢她舞蹈的人只是少数，大多人还沉浸在芭蕾舞那固定的程式中，欣赏不了自然的魅力。她的舞蹈美却不叫座。为了展示自己心中的理想舞蹈，为了给自己的舞蹈争得一席之地，邓肯携带家人流落异国他乡，屡败屡战，百折不挠。她不容许任何人亵渎她心中的理想，她毅然拒绝了权贵们用以寻欢作乐的高酬演出邀请。

她一度身无分文，仅靠一箱番茄和母亲的支撑维持了一个星期的生计。经历无数的坎坷波折，邓肯依然听从内心的声音，依然坚持自我本色，跳着最自然的舞蹈，从不放弃。终于，她的舞蹈理念受到了一些艺术家的认可，在这些人的大力宣传下，邓肯大放异彩，轰动世界。邓肯用难以超越的舞蹈思想和舞蹈动作，影响了世界舞蹈的发展进程。

邓肯的艺术目标和准则是：“**最自由的身体蕴藏最高的智慧**”，跳舞如此，人生也是如此，当你的思想、感官处于自由状态下的时候，才是真实的你，也是蕴藏着最高智慧和能量的你。只有发现真实的自己，做真实的自己，你才能有所作为。

说得再明确一点，你可以学习别人、模仿别人，但一定要有自己的主见，一定要知道自己到底要的是什么，或者说一定要知道你是谁。

做自己需要勇气，大多数人都有从众心理，这不利于人们去发现自己。发现自己是一个艰难的过程，需要想象力，需要创造力，甚至还要经受各种打击和折磨。

做自己也需要智慧，需要能够沉淀自己，需要你在沉静之后的顿悟，你得静下心来去倾听自己内心的声音，自己去判断，而不是用别人给你的经验去判断那是否正确。

做自己需要完善，需要随着环境、时间的变化而不断检视自己，是否目前的状态就是自己最想要的。很多人在这个过程中迷失了自己，他们将自己改来改去，结果弄得自己面目全非。

聪明的女孩，请记住两句至简的话：走自己的路，让别人说去吧！倾听你自己的声音，那里藏着智慧！

走出嫉妒沼泽，天高云阔

列夫·托尔斯泰曾经说过："嫉妒是一种可耻的感情，人是应当信赖的。"但我更愿意相信希尔多瑞奇的话："在爱的关系中，嫉妒是一个有什么地方出了毛病的信号，而不一定是一种坏透了的意念。"

嫉妒是女孩成长过程中不可或缺的一种情感情绪，女孩需要靠这种情感情绪表达自己在比较中的挫败感，希望通过这种情绪调动起自己的激情，奋力一搏，超越当下的自我。

嫉妒作为一种情绪，通常是因为别人占有比自己较优越的地位条件，或者喜爱的东西被别人得到时所产生的感情。它本身并没有什么对错之分，就像秋天的落叶一样，就像哀伤一样，因时而发，因事而动。但嫉妒会产生很多更消极的情绪，下面我们看看这个案例：

彤彤是一名高二年级的学生，一直是班级里的活跃分子，一度还担任过班长。

老师和家长对彤彤都很放心，她学习成绩优秀，工作积极主动。但他们没有发现彤彤的另一面，为人多疑、爱计较，同学关系极差。其实彤彤到高二的时候，就已经发展到班上没人理她的地步，因此，班长竞选时，没人投她一票。彤彤没有去分析自己的原因，反而把落选的责任推到了现任班长刘美美的身上，她认为刘美美搞了鬼。但由于她的人缘极差，无从查证。

彤彤一直憋着气，一定要找个时间报复一下。那天，她肚子疼，于是就请假回寝室，忽然看到刘美美的一条漂亮的白裙子挂在阳台上，她气急了，一把扯下来，把它扔到地上，还在上面狠狠踩了几脚。但她仍觉得不解气，随后又用剪刀把裙子剪成一条条的，然后扔到了垃圾箱里……

这件事很快就被同学知道并报告给了老师，老师感到震惊和不解，彤彤学习成绩优秀、工作能力突出，怎么会做这样的事呢？

学校里的心理咨询老师经过几次和彤彤的接触后，发现彤彤从小在老师的赞扬和同学的羡慕中长大，一直是优秀干部、三好学生。即使偶尔耍耍小脾气，也瑕不掩瑜。所以，她形成了“我就是最好的，谁都不能比我强”的畸形心理。

在家里，彤彤是父母的掌上明珠，他们非常宠爱彤彤，含在嘴里怕化了，捧到手里怕吓着，过于溺爱，致使彤彤以自我为中心、骄纵任性。

老师知道改变彤彤必须要从改变她的心理认识开始，于是老师给她讲了孙膑和庞涓的故事。彤彤对这个故事再熟悉不过，她哪里听得进去，老师说：“听不进去？你现在已经变成了庞涓，而且已经挖了孙膑的膝盖骨。如果你还不改变，那么你必将被你的嫉妒所害，就像庞涓一样。”彤彤一下子就被击中了，她从来没有想过自己就是庞涓，她一直钦佩孙膑，而讨厌嫉妒的庞涓。

老师又给她讲“高中女生马娟因嫉妒而用硫酸对同学进行毁

容并被判刑”的故事，彤彤有些受不了，她激烈地质问道：“我难道就是下一个马娟？”老师说：“不，你很聪明。你只不过是一时糊涂。”

尽管老师的话很含蓄，彤彤还是能听出话外音，她一下子站起来跑了。彤彤跑到一个僻静之地，坐下来，静静地望着蓝天，忽然一个声音告诉她说：“彤彤，你能行的，你办了一件糊涂事，但还没有造成危险，你得修正。”这是自己内心的声音，是她一直以来鼓励自己的声音。

回来后，彤彤强迫自己走到刘美美身边，鞠了一躬，她说：“对不起，我是因为嫉妒做了错事，希望你能原谅我。”所有的同学都看着她。彤彤觉得很丢脸，大庭广众之下，她从来没有受到过这样的挫折，还没等刘美美回答，她就已经跑回自己的座位，趴在桌子上呜咽起来。

刘美美立刻意识到自己该做些什么，她马上走过去，搂着彤彤的肩膀说：“彤彤，其实我一直很佩服你，我觉得如果没有你指导我工作，可能我会做不好。”彤彤一下子感觉心里暖暖的。

当然，结局是皆大欢喜，彤彤协同刘美美做好班级的工作，很快，她成了班里受欢迎的女孩。

每个女孩都会有嫉妒心，但聪明的女孩会把嫉妒用在对自己的激励上面，她因嫉妒而去检视自己的不足，因嫉妒而督促自己上进。

这样的人，相信你也见过，她们总是能超越自己，她们会有处于弱势的时候，但很快就能打一个翻身仗。而且，她们没有糟糕的人际关系，她们懂得吸收和学习，她们非常真诚地看待自己的不足，非常诚心地向比她们优秀的人学习，完成自己的成长。

如果你还不明白，那就告诉自己一句话：“不足是你自己的事情，永远不会有人替你的不足埋单，付账的只会是你自己。除非你不断弥补自己的不足。”

心理学家巴甫洛夫说：“性格是天生与后天的合成，性格受于祖代的遗传，在现实生活中又不断改变、完善。”希望你越变越好。

修正嫉妒的方法：

◎树立远大的理想，不要执着于鸡毛蒜皮。

◎学会宽容，学会学习。

◎嫉妒心起，告诉自己：一切皆平常。

◎树立竞争意识，通过提高自己克制嫉妒心。

◎树立集体观念也能有效克服嫉妒心。

虚荣，那是一杯毒酒吗

“向往虚构的利益，往往丧失现存的幸福。”这是伊索说的。让现代人汗颜的是，伊索生活在公元前6世纪，在那时候，他已经知道了虚荣的害处。可是今天，我们，尤其是一些女孩子，仍然把自己浸泡在虚荣之中，不能自拔。

女性的虚荣是一种很可怕的东西，比起男性来，女性“自我显示欲”更加强烈。即使是丑小鸭，也希望自己能够吸引周围的目光。至于女性如何地意识到周围的视线，如何喜欢注目——只要看看化妆品广告，以及身穿奇服的人就不难明白。也就是说，其实这是一种社会文化教育的结果。女孩子不希望自己是不受欢迎的，也不希望自己是被人看不起的，所以，她需要虚荣，需要用一些外物来包装自己。

和嫉妒一样，虚荣也是一种比较，只不过这种比较是以虚假的自身突出的方式来显示的。看似是在完善自己，实则却是饮鸩止渴，因为这种突出的现象并不是真实的。你看过莫泊桑的《项链》吗？如果看过，那么你会知道这里说的是什么意思。没有真实内容的虚假突出自己就像是没有打好地基的高塔，随时有倒塌的危险。虚荣地显摆时，倍显荣耀，一旦倒塌，便凌乱成泥。

在很多校园里，攀比现象非常常见，有人买了名牌手机，就会立刻有人跟风，有人超越，买来更好的手机，或者其他数码产品。而这些攀比现象中以女生最为明显。还是那句话，你可以虚荣，但别打歪枪。你怎么不攀比你没有进步的成绩呢？你怎么不攀比你不如人的品质呢？你怎么不攀比你没有形成的好习惯呢？

为什么你只喜欢追寻那些外物？那些外物到底能给你带来什么呢？别说你年纪小，想不明白这件事，你完全可以理清虚荣心产生的来龙去脉。举一个简单的例子，一个3岁的孩子，让她在妈妈的陪伴和一个她喜欢的玩具中选择一个，你认为她会选谁？没错，她会选择妈妈，妈妈是她最真实的需要，妈妈可以给她爱，给她安全感，让她增长知识，可是娃娃还得需要她来照顾。有自己的需求这是再正常不过的事情了，人需要不断满足自己的需求，来发现自己，成就自己，实现自己的人生价值。可是需求也有真假之分，有的需求，比如你需要一件漂亮的外衣，那可能只是虚假的需求，或者是次要的需求，而你真正的需求是要“比别人更突出”。而“比别人更突出”不一定非得通过买一件漂亮的衣服来实现，你还可以通过其他途径来完成，比如学会一种别人不会的技巧。这可比一件漂亮的衣服更能吸引别人的目光，而且更能长久地吸引别人的目光。

特别是当你没有能力去买一件漂亮衣服的时候，你更应该学会用其他的需求来满足，而不能依靠父母或者借钱甚至偷东西等让自己犯错的手段来完成，否则只能说明你败给了自己，败给了自己的短视，败给了自己的欲望。你当然可以买漂亮的衣服，但你得保证这不会让你失去什么。

如果你足够成熟，你会发现，尽可能地突出自己是一件对你来说非常有害的事情，古话说：“出头的椽子先烂。”“枪打出头鸟。”你表现得太突出，就会被人嫉妒，就像你嫉妒别人一样，这是人之常情。你在比较，别人也在比较。你不想落后，别人也不想落后。你很可能就会遭遇某个不会处理嫉妒的魔鬼的暗算，这就得不偿失。聪明的人都懂得低调。

亲爱的女孩，这里不想过于宣传低调，毕竟你还在成长，你需要张扬的青春，你需要接受嫉妒的目光，你需要建立顽强的内心。张扬虽然会受到别人的嫉妒，但同时也能检验自己的应对能力，让你学会预防和反击。这是进入社会中所必需的两项生存武器。

这么说不是矛盾了吗？

不是，你要有选择地张扬。比如，提高成绩、对待同学的爱心、班集体的事情，你要尽可能张扬，而对于外物——那些对于你这个年纪来说，除了让你做浪费时间的炫耀之外，没有任何意义的事，你最好放弃。

不强迫你接受这样的观点，也许你已经有了完善的价值观和人生观，那么就按照你自己的人生观来吧，在该虚荣的地方虚荣，在该低调的时候低调。

尖刻，伤了别人也伤了自己

熊对能说：穷成这样啦，四个熊掌全卖了？

能对熊反唇相讥：瞧你那熊样，长着四条腿也是个无能之辈！

代对伐说：挎把大洋刀出来吓唬谁呢？

伐对代反击：裤腰带都丢了，还有脸出来混？

日对曰说：胖成那样了还不减肥？

曰对日回击说：你以为享有阳光就享有一切啊？不会说话你就是白痴，要不你给我“曰”一个？

方对万说：光有钱有什么用？还要有头脑才行！

万打击方道：戴个破草帽就敢说自己是方士，你最多不过就是方便面！

6对9说：整天拿大顶你累不累啊？

9对6冷笑：你整天大头朝下累不累啊？

5对2说：你看你奴颜婢膝那个样儿。

2对5撇嘴反问：你怎么就不说说你自己那腐败的大肚皮呢？

真是“唇枪舌剑”啊！

这可不是给你说的笑话，生活中这样尖刻的语言随处可见，围观的人把这当作笑话听，而当事人却往往被对方的话击中伤口，尴尬、愤怒，甚至产生仇恨心理。公共场所里很多冲突都是因为口不择言的结果。

女孩是语言的使者！语言是女孩的天赋！尖刻不应该是女孩的语言特色。

听，叽叽喳喳的是小女生，伶牙俐齿的是稍有阅历有点小小的自以为是的女生，呢喃软语的是撒娇的女生，清脆嘹亮的是快乐的女生。女生是自然界的美丽使者，而女生的声音是这使者的歌喉。

女孩善言，这是因为男孩和女孩大脑从事语言加工的部位也不同。男孩的语言加工更多发生在大脑的听觉和视觉中枢，而女孩的语言加工更多发生在大脑的语言中枢。所以，女孩才有敏锐的语言能力，语言加工比男孩更具感性，更富有戏剧性。因此，俗语里有“三个女人一台戏”的说法。

但一些女孩子却因了这得天独厚的优势而变得刻薄，不说则已，说就要说到别人的痛处，以此显示自己的聪明和洞察力。

两个胖胖的花季少女在路边肆无忌惮地评论一个携外籍男友走过的女孩，说她的腿很短：看来她不能穿高帮皮鞋了，不然鞋帮要碰到屁股……说完两个女孩哈哈大笑，那个被说的女孩回过头来看发生了什么，脸上一片茫然。两个花季少女笑得更欢了。

这时候，一个有点秃顶的愤青一样的人走过，听到了两个女孩的话，气愤难当，大声骂道："吃了激素的猪怎么会跑出来？"两个胖女孩一听，哪里肯忍，立刻大声喝骂道："这世界真是没法待了，没了毛的狗都出来伤人了。"愤青一愣，还没等他说话，另一个女孩紧接着前一个女孩的话大声冷笑道："起码我们曾经瘦过，看你满脸的青春痘，可惜了，大概从来没有美过吧？男人都会以你为耻。"

一场口舌战争拉开了序幕，可怜那愤青哪里是这两个牙尖嘴利的女孩的对手，没上两个回合就落荒而逃。他走出很远，才敢大声骂了一句："母夜叉！"

女孩赢了吗？赢什么了呢？

希望你不是这样的女孩，因为说实话，没有人喜欢这样的孩子，她们只能作为笑料，被人们娱乐。所以，你千万不要学习她们的刻薄。

说话尖刻的人，往往让人有一种距离感，或者说往往受到别人的排斥，难以建立友情，有时甚至被人孤立——尖刻的话太得罪人。朋友圈子相对狭窄，视野就会受限制。

如果你在早晨上班的路上，对不期而遇的同学说："你怎么那么笨，昨天上课居然答错了两道题。应该好好学习了。"那可想而知，你的同学会对你如何。

即便你是班干部，那也不行。要知道，"良言一句三冬暖，

恶语伤人六月寒”。领导是干什么的？是指路的，可不是伤人的。即使你能力很强，也不要用这种方式和你的同学说话，否则会让你受到更多的挫折。人生的道路上原本就已经布满了荆棘，你又何必非要选择坎坷之途呢？

有的女孩子说：“我是一个直性子的人，事情过了就忘了，所以别人也不会讨厌我。反而愿意因为我的直率和我交往。”直率不等于伤人，直率也不是尖刻，尖刻的人通常并不直率，他们善于隐藏自己内心真实的声音。比如，他们明明羡慕一个人获得了荣誉，却会说：“你根本不配获得这种荣誉。”

尖刻的人总会破坏别人的情绪，通常尖刻的人的内心世界有一种不平衡，不明白别人拥有的自己为什么没有，这种不平衡积聚到一定的程度，就会成为嫉妒心理！为了找到平衡，于是说出的话就往往是带刺的，是贬低别人的。

人的言论承载着自身的过去、现在和未来。常讲一些伤别人心的话、刺激别人发狂的话的人，她通常会有一个不好的过去，或者说她自认为不好的过去，因为觉得天不遂人愿，进而觉得不公平，于是想要通过刺激别人来弥补自己受伤的心理。

也有些人自己做得很好，却不明白自己已经做到的而别人为什么没有做到。他们往往是领导型的，他们喜欢训话，但一旦发展成尖刻的话，就会成为一个品行极差的领导。古人云：“片言之误，可以启万口之讥。”“众口铄金，积毁销骨。”

这些领导型的尖刻的人通常有些小聪明，且颇为自负，其实，别人不一定承认他聪明，因此他有生不逢时之感。这种刺激会让他变本加厉，与人说话更加尖刻，更要刺激别人的痛处，以揭伤疤为快事。

有意思的是，这样的人有强烈的自尊心，希望人尊重他。但由于他的尖酸刻薄，人们根本没法尊重他，这时候，他就会勃然大怒，进而仇视别人。每个与他接触的人，都可能成为他发泄的对象。他认为人们都是可恶的，不问有无旧恨，有无新仇，都要伺机而动滥放冷箭。结果必是众叛亲离。

正如你所看到的那样，前面用的都是“他”字，因为女孩通常说话尖刻一些，但是没有那么恶毒的心理。女孩子的尖刻，大多都是没心没肺、自以为是的尖刻，逞一时口舌之快。但这也不容你忽视，因为如果你现在不改，可能前面的那些“他”就忽如一夜成了“你”，最后让你自己见了自己都讨厌自己。习惯一旦形成，再想改就难了。

没有包容、欣赏的心，这样的心，其实是不开心。刻薄如苹果发臭，是因为里面烂了。浮躁、脆弱、狭隘、偏激，然后就刻薄。所谓“宅心仁厚”，可贵，更是高贵，有大家风范。多一点宽容，少一点褊狭，和颜悦色地谈天论地，心平气和地做人做事，关乎社会和谐，更关乎一个人的幸福。

人都有不平之气，对方说的话，你觉得不入耳，不妨充耳不闻；对方的行为，你觉得不顺眼，不妨视而不见；何必过分认真，一定要报以尖刻的言语才肯罢休呢。与你无关的固然不该予以反击，即使与你有关的，也应该平心静气地思考一下，也未必与你有大不利，又何必斤斤计较呢？

入静——寻找那个深不可测的自己

我的心

沉静如水

扔进多大的石头

也不能让它泛起涟漪

任飓风吹打

寻找幸福：
看向已知、未知的自己

任暴雨倾倒
还是无法
打破它的平静

虽然嫉妒
有时令它微微颤抖
但是转瞬之间
它又归于平静

像树林深处
一泓静谧的池塘
我的心
沉静如水

这是李银河诠释的沉静的内涵。每一个女孩都应该有一颗沉静的心，即使在如火的青春年代，你也应该让自己学会入静。因为入静，能让你发现自己；入静，能让你看到更多的潜能。世界上最有创造力的艺术家都很喜欢独处，喜欢入静，因为静处能让他们的艺术激情不受任何限制。

对于对世界充满了好奇的女孩来说，沉静也许是一种可怕的痛苦。因为你需要朋友，你需要声音，以便检验你自己的受欢迎程度，以便看到你自己在人群中的位置，这是每个女孩的成长需求。

但我们生活在一个“噪声污染”很严重的世界中。人类那发达的科技制造的越来越响的刺耳声音每天都在我们的耳边轰响。几乎每天早晨，我们都要被闹钟或带有收音机功能的时好时坏的闹钟的嗡嗡声唤醒，在一天开始的头几分钟里，我们的耳边就充满了机械传来的吵闹声。我们起床和吃早餐的时候，会有电视声敲打着我们的耳膜。在我们上学的路上，一些时髦的女孩还会戴上自己爱听的mp3或其他的什么数码产品，而且尽量是把音量开得大大的。（由于听音量太大的摇滚音乐和重金属音乐，已经有40%的美国儿童出现了听力损害。这是一件很可怕的事情！）学校的教室会好些，机械声音少了很多，但是还有那些朝夕相处的小伙伴闹哄哄的声音，尖叫、笑闹，不到上课的时候，没有一刻安宁。

可悲的是，我们已经习惯了这样的喧闹，一旦安静下来，我们反倒不自在，反倒十分焦虑。我们不断地接收各处的信息，结果自己倒成了世界的依附。我们无法听到希望引起我们注意的“微弱的”内心的声音。

也许，当你看到这里，又开始怀疑，什么叫内心的声音？内心真的会发出声音吗？它在说什么？说的难道不是我在与别人说的话吗？如果你真的有这样的想法，那说明你从来没有静下来过。

你不妨把这样的行为看作是精神独立（为我们的下一章做好准备）的个人宣言。为什么入静能让你独立呢？因为入静能让你学会反省，没有沉静，反省是无法想象的。喧闹会夺取你的思想，它不会给我们反省的机会。关于这一点，你可以问问你那睿智的父亲，相信他会告诉你相同的答案。而反省是对现成秩序的挑战和威胁。它导向怀疑，怀疑又会导向独立思考。独立思考就会引起社会、政治和宗教权威（如果你觉得这三个词离你都比较遥远的话，那么好吧，你可以换成你觉得一直控制着你的人或者事物，一样有效）的力量弱化。当这些障碍开始倒塌的时候，你就会听到你自己内心的声音了。就像美国著名影星朱丽叶•罗伯茨在电影《eat pray love》（《美食 祈祷 恋爱》，中文名叫《一辈子做女孩》）中描述的那样，当她沉静下来，她忽然听到了一个声音在告诉她做一些事情，这个声音就是她自己的声音，但又不是正处于歇斯底里状态中的她发出来的声音。

为什么以前人们总是说每个人都是一个伟人，每个人都能够成功，**每个人都能有深不可测的潜能，就是因为我们有一个内心之神**（暂且让我们把她称为神，但那不是让你疏远的、需要你膜拜的神，而是你的本源），**她就在你的内心里，她在寂静中小声地说话，告诉你，你擅长什么，你需要的是什么。**

但是，这种声音很容易被生活中的噪声所淹没，那些被像你一样的小女孩许可甚至鼓励的噪声。你排斥与这个内心的声音对话，你不相信她，就像远古时代的人不相信今天的人们生活在电的能量之下一样。

现在，先别想你的内心到底有没有一个声音源，你先学会入静。这一点，你肯定会赞同的，毕竟入静能帮助修复自己。

入静并不只是指声音的彻底消失。其实，户外那奔流的小溪，那歌唱着的鸟儿，那嗡嗡鸣叫的昆虫，这些大自然的声音不需要消失。如果你曾经一个人在深夜时分，静静地坐在一个僻静的角落看那天空里的朗月，那你就会明白，你的内心在这种纯自然的境界中是能够享受到美的，是能够清空心灵的负重的。你会不由自主地陶醉，你会全身心地想要融入这种美感之中，你甚至恨不得变成嫦娥飞上月宫——尽管你已经知道月亮不过是一片荒芜之地。

不管怎样，你首先应该努力把所有的电子声音传递器关掉，听你周围更简朴的声音，不妨听听小鸟的鸣叫，听听孩子发出的咿呀之语，听听猫步声、雨滴声，或者听听你自己的呼吸。你极可能会意识到日常生活中自然流动的种种沉静。在这样一个空间里，你处在最为自由的状态和最不受拘束的状态时，你就是你的，你不是任何人的，没有被打上任何烙印的。当你有了这种感觉，你的直觉会

自然而然浮现出来，于是内心的声音就会被放大，凭着这种直觉你能迈出继续成长和发育所应该迈出的下一步。

很玄妙吗？不，因为并非所有狂躁、消极的干扰都来自外部，它很有可能来自你的狂躁的思维，那企图压制你内心声音的思维，你只想按部就班，按照老师的指示，父母的标准，或者邻居叔叔阿姨、父母的同事的喜好来修饰自己。不信，当你静下来的时候，完全不去想这些事的时候，你注意观察自己的思想是如何运转的，你就可以得到极有启迪的经验。

当然，这些文字可能与你平时的阅读习惯有些差距，你总是在看那些怎样提高学习的书，你总是在接受怎样让你变成最受欢迎的教育。当然，这些教育没什么不好，书中的其他部分也涉及这样的教育，但当你觉得累了的时候，当你觉得难以接受这样的教育的时候，你应该学会放松入静，调整身心平衡。

对于成长中的你来说，并不比成年人轻松，你时时刻刻处于竞争之中，学习压力比较大，难免产生紧张烦躁的情绪。如果长期下去，会让你生理和心理都失去平衡。也许你听过某某人整天生活在紧张烦躁的情绪之中，结果得了神经衰弱；某某人不堪重负，断然离家出走；某某人受不了压力，决然离开了人世。这些人其实就是无法让自己入静，他们被外界的浮躁的声音控制住无法翻身。

你肯定有这样的体会，当你精神过度紧张的时候，你是没法集中精神做事的，你会变得拖拉、疲惫，效率极低，情绪沮丧，极不自信。这时候，你需要入静，来调整你的身心，倾听一下内心的声音，毫不夸张地说，她会给你一个最具智慧的答复，尽管那可能并不能一下子解决你的问题，但会让你找到一个解决问题的方法。

你可以学习一些入静的方法，注意：这个过程不要给自己任何负担，不要想学习的事情，也不要想你遇到的烦恼，就让他们在那里吧，你不要去看。直到你完全放松之后，精神已经得到舒缓，听过自己内心的声音之后，你再去思考不迟。

入静是通向自我中心的捷径。正是在入静之中，我们才会明白统一，才会认识自己作为万物之一的自我存在，才会发现你深不可测的能力。

几种入静的方法：

◎收集一些舒缓的古典音乐，最好是每分钟六十拍的音乐，像巴赫、贝多芬、肖邦等人的钢琴曲。

◎在椅子上坐好，或躺在床上，一边听古典音乐，一边让自己放松下来。

◎如果你没有走进自然的机会，那么可以在头脑中想象一幅优美的风景画。想象自己曾经去过的风景区，将自己置身于其中。

每天长大一点点

刘墉说：成长是一种美丽的痛。但对于成长中的每个女孩来说，未必不喜欢享受这种痛并且快乐的成长味道，那是香的，是甜的，是酸的，当然也有一点点苦涩，可有什么关系呢？生命本来就是一种律动，每天为自己制造一个新的世界，每天给自己一个惊喜，生活才会多彩多姿。曾经的“作茧自缚”，也不过是为了一朝“化蛹成蝶”“破茧而出”。生命的能量，包容了成长中的错误，置换了稚嫩的波动。总有一天，你会变得足够优秀，能够自己撑起自己的天空。

发表独立宣言：没有人能替你长大

听过这个寓言故事吗？

小蜗牛问妈妈：我不喜欢自己是蜗牛，因为我不明白为什么从生下来就要背负这个又硬又重的壳。

妈妈：我们的身体没有骨骼的支撑，只能爬，又爬不快。所以要这个壳的保护！

小蜗牛：那毛虫姊姊也没有骨头，也爬不快，为什么她却不用背这个又硬又重的壳呢？

妈妈：因为毛虫姐姐能变成蝴蝶，天空会保护她啊。

小蜗牛：那蚯蚓弟弟也没骨头，也爬不快，还不会变成蝴蝶，他为什么不背这个又硬又重的壳呢？

妈妈：因为蚯蚓弟弟会钻土，大地会保护他啊。

小蜗牛哭道：天空不保护，大地也不保护，我们好可怜！

蜗牛妈妈安慰道：所以我们有壳啊！我们不靠天，也不靠地，我们靠自己。

如果我们有天空、大地的保护，那么是我们今生的幸运。可是天空盛不下太多的重负，大地也载不动太多的负担。如果我们生来就脱离了天空，也远离大地，我们就只能靠自己。如果你就是这样的女孩，那么请你不要自怨自艾。天空有天空的湛蓝，大地有大地的浑厚，但天空和大地永远是格式化的，而你，却是自由的，虽然你没有受到天空、大地的保护，但你的灵魂却被这个宇宙接纳，只要你敢于独立承担，敢于伸出属于你自己的触角，那么你得到的，要比天空、大地所能给予人的，要多得多。要知道，**世界是平衡的，尽管此处彼处总是会有不公出现，但在一个整体的范围内，世界是平衡的，你完全可把今天的不公用奋斗找平，自己去创造明天的公平。**

的确，奋斗很难，可是“不经一番寒彻骨，哪得梅花扑鼻香”，这样的句子一点都没有引起你的心动吗？奋斗到老有什么不好？过早地享受，对你只是一种毒害。否则诸如比尔·盖茨、巴菲特这样的世界富豪就不会做出“不给子女留一分钱”的决定了。

当然，每个女孩都有过那么一点侥幸心理，在遇到不平的时候，希望自己有显赫的身世，家庭有不可一世的权力，父母能够帮助自己扫除成长中的障碍。如果你读过一些成年女性的传记类图书，那么你就会从这些书中发现，别看她们现在已经声名显赫，荣耀加身，但是在很小的时候，她们也曾经痛恨过自己家庭的平凡，她们希望自己能受到家庭的恩泽。之所以会有这样的心理，是因为年纪尚小，精神还不成熟，还没有发表过自己的独立宣言。

有一位作家在自己的一部散文中这样写道：

妈妈说，女孩子，只有自己强大了，才不会被别人当作附属品。为此，妈妈在我12岁的时候就要让我发布独立宣言。至今，我仍记得独立宣言的内容：

家世好的女孩子，会有爸妈为其铺好豪华的金砖大道；容貌好的女孩子，会有男友、老公殷勤地在其鞍前马后侍奉；运气好的女孩子，会天降贵人，助之平步青云……不幸的是，我似乎哪个都排不上，所以，我只能靠你自己。为此，我在年满12周岁的时候发表宣言，告诉我自己：我必须要独立。

我记得当时我感觉很是悲哀，但随后我就感觉激情满怀，我不想赢了这个世界，但我不相信赢不了我自己。

把自己看作独立的生命个体，让自己充分体验独立的感觉，只有这样，你的自尊心和自信心才会得到充分的发展，才会成为一个有独立意识的人。你如果不希望将来有一天你出现在哪里，人们介绍你的时候，用这样的话："这是某某的女儿""这是某某的夫人""这是某某的姐姐""这是某某的妈妈"，那么从现在开始就学会独立吧，独立学习，独立生活，独立思考。

不再有什么能摧毁我的信心

有个小女孩对妈妈说："我感觉自己是一个灰姑娘，妈妈，请帮我找来我的水晶鞋。"妈妈厉声呵斥道："你本身就是水晶，要什么水晶鞋？我告诉你，你不是灰姑娘，不要靠水晶鞋给你自信。"

很有意思的对话。在成长的过程中，有很多因素会造成女孩的不自信，偶尔的失败，被人伤了自尊，被更优秀的压了一头，等等，这本身没有什么大不了的，不要挂怀。但如果你形成了一种过于看重结果或者看重自己在别人心中的形象的心理，那么你的自卑心理就会在你的心里扎下根来，根深蒂固，影响你的一生，让你丧失很多的机会。

一位农夫安慰自己那对农民身份非常自卑的女儿说："一块地总有适合种植的植物，种不成玉米，可以种豆子；豆子长不好的话，可以种些瓜果；瓜果如果也生长不济，还可以撒下一些荞麦种子。即使是沙漠，还有仙人掌能够活下来。"

每一个女孩都是世界之美，每一个女孩内心里都藏着一个"世界之最”，即使你现在很平凡，甚至处于某个群体的落后状态，也不要妄自菲薄，人生的路走到这里才只是一个开端，你有的是时间让你内心深处的能量爆发出来。

但如果你让自卑心理驻扎下来，你的思维方式就会朝着消极的方向前进，本来是阳光明媚，你却唉声叹气：谁知道一会儿下不下雨；明明自己取得了好成绩，却又杞人忧天：也许下一次就轮不到我这么好运了。多么可悲的心理。

心理学家在一次研讨会上接待了两位年轻的女性。她们是好朋友，一个长得非常漂亮，身材匀称苗条；另一个相貌平平，身材条件也属一般。然而不知怎的，这两个人给人的感觉恰好和她们的容貌相反。那个相貌平平的女性看起来要比那个美丽漂亮的女性有魅力得多，美丽的女人拘谨畏缩，情绪阴郁烦躁，言语平淡无味；而容貌平平的人却举止大方自然，情绪开朗乐观，言语得体并富于感染力。

心理学家开始探问她们的成长，结果发现，这个美丽的姑娘，小时候在家时不被父母尊重，上学时总受老师的否定，上班后又常遭领导批评，她很早就形成了一种自卑的心理，并且已经根深蒂固。而那个有魅力的女性，成长于一个民主、乐观、幸福的家庭，尽管小时候挫折不断，但父母不断地给予她肯定与鼓励，她也显得极为自信，这种高贵的品质又赐予了她能力，使她总是有办法处理难题，于是，她得到的肯定就越来越多，她也就越来越有信心。

的确，家庭教育和学校教育会影响你的心态，如果周围总是否定的声音，那么神仙也会怀疑自己的身份。如果你处于这种状态中，那你是不幸的，但不幸中的万幸是，你读了这本书。从现在开

始，你要不断告诉自己：尽管运气没有帮助你，但你会迎难而上，自己去寻找运气。

自卑的心理就像一个脱手的辘轳，飞速旋转，把好运都带到了深井里。此时，你没有时间哀叹，而应该上去抓住它。有人管这叫“扼住命运的咽喉”，很形象，警示作用也会很强。不管外界怎么否定你，你不能否定你自己，你得去做，去做好，这样才能逐渐树立起自信，并让自信永远在你的内心深处驻扎下来。

每天都对自己说：“你是最棒的。”这管用吗？管用！但如果你不行动，不一点点把糟糕的事情处理好，那么你的自信还是会在外界的打击中不断崩溃。如同在沙滩中铸造城堡，一旦潮水来临，

一切都会化为乌有。

其实，事情既然可以往坏的一面发展，就能够往好的一面发展。不管你现在的状态如何，你可以充分考虑下一步最糟到哪里，提前做好防御措施，但是一定用最积极的语言给自己打气，告诉自己“我就是能成功”，如果你还是有点担心，不知道自己是否能够应付得来，那么你可以去拜师，可以请一个好友来鼓励你，引导你。这不是让你不独立，在你的能力还比较弱的时候，你需要一点点外力，就像病重的人需要拐杖一样。你的自信建立起来之后，你也不是不需要外力了，你还需要不断地学习，吸取更优秀的东西来弥补自己的不足。

亚历山大·格雷汉姆·贝尔说：**“一扇门关了，另一扇门就会打开。可是，我们往往带着遗憾的心情看着原来的那扇门，久久不能忘怀，竟然没有注意到又有一扇门为我们打开了。”**你得睁开眼睛看世界，你得睁开眼睛看自己，别把自己堵进死胡同里，鞭笞自己，以毒杀自己作为反抗命运的武器，那是愚蠢的人才做的事。

有一点需要说明的是，由于社会传统文化所限，女性的角色定位是男性的支持者，一些家庭甚至部分学校在孩子很小的时候就已经给孩子灌输了这样的观点，这让一些女孩子不想成为自信者，或者说在某些特定方面不想显得自信，她们宁愿变得娇娇弱弱，显得弱柳扶风，以获取“魅力”的赞誉，以为这样就可以获得男性的娇宠。

但这样做的结果很可能会伤及你的独立性和你的自尊。在女孩的成长过程中，自信心的培养稍显欠缺，特别是在青春期产生自尊心下降等情况时，自信心的培养更是缺乏，因为她们会寻求男性的依靠。这是女孩子的一种自戕行为，不利于自信心的形成。而且即使你真的有魅力，在你进入婚恋年纪之后，你也会发现，你居然没有自己，你还是附属品，那就可悲了。所以，无论如何，你要变得自信起来。

一个自信的女孩子不但爱自己，也更爱生活，爱一切美好的东西，在颠簸的生活浪涛中，她们是自己的导航员，她们的人生因为自信而没有迷惑，因为自信而美丽，因为自信而激情昂扬。

女孩的名字，不叫脆弱

女孩不能依附于男性，不能依附于任何人。弱柳扶风，扶出来的可能不是魅力，而是无能。所以，即使你是女孩，你也得督促自己变得坚强起来。

“可我要再把胳膊摔断了怎么办？”12岁的姗姗问道。她的下唇颤抖着，手里扶着妈妈给她新买的自行车，一只脚斜跨过车梁，站在另一侧的地面上。这可是她要求了几年才获得的礼物，所以一拿到手，她就想要学会骑。然而一旦跨过那道斜梁，姗姗就害怕了，她不得不将自行车搁置起来。任凭妈妈说多少鼓励或者讽刺的话，都无动于衷。

几天之后的一个午后，姗姗噘着嘴回到了家中，妈妈问她怎么了，她说：“我恨她们，她们故意骑车经过我身边，说一些刺激我的话，然后又把我抛下走了。”妈妈立刻旁敲侧击地说：“只有自己学会骑，才不会被人抛下。”姗姗动心了，立刻跟着妈妈一起来到广场学车。

广场上人很多，几乎没有空地学车，姗姗有些害怕，但是想到自己在家里扬言一定要学会骑车，不学会骑车就不再吃饭，只得硬着头皮开始学。好在有妈妈在旁边，学车会轻松一点。

在妈妈的扶助下，她顺利地骑了几圈，可是妈妈一撤手，姗姗很快就从自行车上摔下来，右臂压在自行车下，她疼得尖叫起来。之后，好几个月，姗姗都不再提自行车的事情。

妈妈以为姗姗再也不会学自行车了，但事情很快就有了转机。有一个学习比她稍逊的女孩，故意挑衅姗姗，说：“如果你在这个周末学会自行车，我就服你。”姗姗向来心高气傲，自然不服气。

可是一回到家，看到那个曾经摔过自己胳膊的自行车，不禁一肚子怒火，当然，还有两肚子的恐惧。妈妈显然看透了她的心思，于是鼓励她说：“我想，上次我们掌握的方法不对，这一次，肯定能学会。”姗姗余怒未消，驳斥妈妈道：“用这么没有力度的话来鼓励我，唉，真是。”妈妈笑了，说：“好吧，反正你又不是弱者，用不着我鼓励。除非你承认怕了学车。”姗姗柳眉倒竖，害怕？哼，那还不是她的风格，尽管前几次她没学成，那倒不是怕，只是暂时搁置。姗姗下决心一定要学会。

来到广场后，姗姗的怒火没了，胆怯却越来越浓，她掩饰地指着一棵树说：“现在还是有点热，我们到那棵树旁歇歇再骑吧。”妈妈并没有强迫姗姗，可是姗姗又觉得自己这样太丢人，显然是害怕了，就故意挺挺胸脯，说：“妈妈，你应该说不怕，你很坚强。”说到这里，姗姗又有些气馁，“不过，我就怕折断胳膊。”妈妈笑了，说：“知道吗？宝贝，很多要做的事情都是带有风险的。如果你害怕，那么你就什么也做不成。汽车失事也会折断胳膊，那你是不是连坐车也会害怕。跳绳也有可能折断胳膊，做体操也有可能折断胳膊。你连体操也想不练了吗？”

“不是。”姗姗毅然跨上了自行车，妈妈稳稳地扶住了车尾，一圈一圈，姗姗始终不敢让妈妈撒手，妈妈也不辞辛苦，一圈一圈跟着走，一点点给姗姗打气。终于，姗姗不再害怕，她勇敢地对妈妈说：“放手！”

整整一个下午，妈妈就在广场上看着胆小柔弱的女儿终于克服了恐惧，快乐地享受骑车的乐趣。

自强不息，乃幸运之母。女孩的名字不叫脆弱，不必用脆弱来涂抹自己的人生，不应该把可能的机会转载到别人的名下。其实，生命需要严格的淬炼，才能展现耀眼的光华。苦难、挫折都是你的养料，坚强地渡过险滩，就能享受成功的荣耀。有一首歌不是这样唱吗：“不经历风雨，怎么见彩虹？”

很多时候，女孩子不坚强并不是不想努力，而是受一些世俗观念的影响，以为柔弱文静的女孩子才更有魅力，才更幸运。其实不是，我们看看下面这个初中女孩的日记：

我特羡慕打篮球的男孩，他们可以自由而灵动在球场上奔跑，可以自由优美地在空中划出一道弧线灌篮。可我是女孩子，不能这样一身臭汗地在篮球场上奔跑，何况我的身体非常柔弱，那个篮球拿在男孩子的手中像乒乓球，拿在我手里就像是铅球。

那天，妈妈出差，爸爸和我两人度周末，我不经意说出自己喜欢篮球的事，爸爸非常高兴，立刻就把我带到篮球场上。

爸爸演示了一遍：两手抱住篮球，把力集中在一只手上，然后用力一推，球就像被施了魔法一样跑进了篮筐里。我勉为其难

地学着爸爸的样子投篮，但我的劲太小了，球还没碰到篮球板就掉了下来。

我沮丧极了，对爸爸说："爸爸，你别强求我了！我是女孩子，怎么适合打篮球呢？"

"谁说女孩子就不能打篮球了？奥运会上不是有女篮比赛吗？"爸爸反驳道。

"爸爸，我和她们不一样，你看我这么弱，还是算了吧。"

"为什么不一样？同样是女孩，同样是中国人，我相信你能行！再说了，你知道你为什么弱吗？就是因为你没有锻炼，你不敢相信自己强。你越怀疑自己，你就越不行。"

好像是这样的，我感觉有些惭愧，连忙抱起篮球继续练。渐渐地，球能碰到篮球板了，再渐渐地，球能碰到篮球圈了！我满头大汗，却信心满满，终于，功夫不负有心人，我投进了球！"我投中了，我投中了！"我欢呼着，脸上露出了笑容。

爸爸让我停下来，我实在太累，便一屁股坐在地上，这时候，才感觉胳膊有一种麻木的肿胀感。但我心里很高兴，我想："原来男孩子能做到的，女孩子同样也能做到。"

自从那件事发生后，我再也不以我是女孩子而自暴自弃，因为我知道，只有不断地超越自己，才能使自己进步。

豫剧《花木兰》这样唱道："谁说女子不如儿男。"的确，即使是在备受压迫的封建社会，依然有很多巾帼英雄在浩瀚的历史长河中留下了精彩的一笔。女人的名字，从来就不叫脆弱。男人能做的所有事情，女人都能做到。

中国有句谚语说："困难像弹簧，你强它就弱，你弱它就强。"女孩子们，让我们一起来奋斗，一起来超越自己吧！

我就是能管好我自己

苏霍姆林斯基曾说："实现自我教育，才是一种真正的教育。"即使你的爸爸妈妈或者学校的老师并没有告诉你要实现自我教育，但他们也会有意识地培养你的这种能力。因为我们已经说过了，没有人能替你完成你的人生，你的人生必须由你自己独自完成。所以，你应该学会管好自己。

有伟大成就的人，向来善于自我管理。别说你自己很普通，你今天很普通，学会自我管理之后，你会沿着伟大的道路一路走下去，成为让后人敬仰的人。

这是一段父母和女儿的对话：

家长：雯雯，你为什么上学？

雯雯：你们让我上，我就上了。我从来没有想过为什么要上学。哦，对了，你们说过，要学习知识。

家长：那你今后想干什么？

雯雯：我不知道，你们说呢？你们让我干什么我就干什么。

家长：那你说说，你有什么特长和爱好？

雯雯：我也不知道。

雯雯的状态相当糟糕，她对自我没有认知，也没有生活的目标，你看她不知道自己为什么上学，不知道自己想干什么，不知道自己有什么特长、有什么爱好。她现在的状态决定了她未来的成就，如果继续混沌下去，那么她的人生之路将充满坎坷。

亲爱的女孩，或许，在现实生活中，对这一点你也是深有体会：

在家里，父母不催着你去学习，你就不会自己安排学习；

在学校，老师不告诉你作业内容，你就不知道该如何安排自由时间；

和朋友一起出去，别人不做好准备与计划，你很可能就会抓瞎。

这都说明你还没有进行自我管理的意识。那么到底什么叫自我管理？

所谓自我管理又称为自我控制，是利用个人内在力量改变行为的策略，普遍运用在减少不良行为与增加好的行为的出现。自我管理注重的是一个人的自我教导及约束的力量，亦即行为的制约是透过内控的力量（自己），而非传统的外控力量（教师、家长）。

每个人都有能力控制自己，但是大多数女孩子长期受父母或者老师的控制，不自觉地学会了依赖，而遗忘了自身的管理控制能力。没有自我管理就没有自我规划，没有自我规划就没有自我成长。你需要撤掉父母或者老师的拐杖，自己来管理自己。

那如何进行自我管理？

第一，认知自我，把握命运。

所谓自我认知，就是我们前面一直强调的“我是谁”“我将走向何方”。只有你确定了你自己的内心需求，确定了你自己的潜能方向，你才能把握得了命运。

第二，明确目标。

列夫·托尔斯泰对目标有过精彩的主张：“要有生活目标，一辈子的目标，一个时期的目标，一个阶段的目标，一年的目标，一个月的目标，一个星期的目标，一天的目标，一个小时的目标，一分钟的目标。”

第三，有效学习，实现理想。

一位学习不好的高中生，非常希望自己能够考取耶鲁大学。可是直到高二他的成绩依然很糟糕，离耶鲁大学这个目标仍然很远。他心生惆怅，决定去耶鲁大学参观一下，放弃自己的理想。

幸运的是，这名高中生在耶鲁大学里碰到了一位老教授。他向这位老教授诉苦说：“我真希望我能有神力，帮我提高学习成绩，因为以我现在的状态，我是无法考取这所学校的。”

老教授看到学生很沮丧的样子，就说道：“如果你真的相信自己最多成为一名三流大学的毕业生，你就注定要一辈子过着三流的人生。每个人都有考取耶鲁大学的可能，为什么你不尝试一下改变自己的方法？”

“我当然不甘愿成为一个三流的人，更不愿意一辈子过着三流的生活，可是我到底怎么才能提高学习成绩呢？”

“有效学习，实现理想。”老教授非常简短地总结道。

这名学生歪着脑袋，显然是不太理解这位教授话中的意思，老教授解释道：“你可以把你自己的学习方法总结一下，然后看看哪些学习方法对你的那门功课有用，而对另一门功课则毫无帮助。你也可以跟你周围的同学拜师学艺，看他们是利用什么样的

方法把一门功课学到非常棒的地步的。”

这名学生若有所思，他忽然抬头问道：“我可以写信问您吗？因为我现在还不确定我到底使用的哪些方法比较有用，而哪些有用的方法我没有用过。”

老教授点点头。

这名学生欢天喜地地回到了学校，他发现自己完全能够独立思考、独立总结，也能够找到更有效的学习方法。他给老教授写了一封信，他没有问关于学习方法的事，而只是表示感谢。

其实，只有适合自己的方法才是最好的方法。为什么我们要强调自我管理，只有自我独立思考，你才能发现自己的潜能，才能发现自己的错误。别人也能帮助你，但如果你自己不开窍，别人使用百分的力气也可能白费工夫；而如果你自己开窍了，即使别人只用了一分的力气，你依然会享受百分之百的进步。

第四，确定发展目标，规划人生。

如何规划你自己的人生呢？

1.问自己“我希望自己今后做什么”。对于每一个人来说，最终步入社会、参加工作都是一种不可避免的趋势，我们自然也不能例外。虽然你现在可能还没有进行职业方面的学习，但是你一定要确知自己的兴趣爱好，你得知道自己最想要做什么。因为做自己喜欢的工作，你才能既能享受工作的快乐，又能享受轻松的人生。

2.问自己“我想取得什么样的成就”。你可能这样说：

我想以后能过上衣食无忧的生活；

我想以后能取得不俗的成绩，赢得周围亲朋好友的认可；

我想以后能在我所从事的专业上有所突破，在业内有所成就。

每个人对自己未来的预期都是迥然不同的，即使你自己，在不同的阶段，也会有不同的未来预期。这些预期就是你的动力，它能帮助你树立小目标，只要大的目标不变，那么你的每一个小目标都在帮助你一步步走向成功。

第五，学会管理时间。

这里为你提供一个小诀窍：对事件分别按优先级进行排序，这是管理界常用的一种方法，对你来说也适用。你可以把学习、生活、兴趣爱好等事分别按优先级进行排序。看看哪一件事必须是优先解决的，如果不解决那么将来就会遇到麻烦。比如，你明天就要考试了，可是你的钢笔坏了，这时候你是要看书做最后的冲刺好，还是去商店里赶快买一支笔好呢？显然是后者。

第六，学会管理你的情绪。

这是后面情绪一章的内容，这里就不再赘述。

总之，学会自我管理是很难的，这个过程中，你会遇到各种各样的困难，但是只要你坚持，只要你不断督促自己，那么你就会变成一个独立能力强的小天使。加油吧！

自我管理的6个方法：

◎认知自我，把握命运。

◎明确目标。

◎有效学习，实现理想。

◎确定发展目标，规划人生。

◎学会管理时间。

◎学会管理你的情绪。

胜利就是坚持到最后一秒

郑板桥曾写过一首咏竹诗："咬定青山不放松，立足本在破岩中。千磨万炼仍坚劲，任尔东南西北风。"这就是坚韧，绳锯木断、水滴石穿。自然界给我们这样的警示：以弱胜强、以小搏大，凭的就是持之以恒，坚持不懈。

成长本来就是一个持续的过程，中断任何一个环节都会让我们的人生出现缺憾。孟母当年断织，为的是教育孟子不荒废学业；无名老妇磨杵成针，让李白顿悟学习需要恒心毅力。生活本来就是一个七日接着一个七日，时间不会突然中断，如果努力中断，那么时间的拉长就会稀释过去的成绩，因此，我们需要坚持，世上无难事，只怕有心人，再坚持一下，下一秒就会有奇迹。

很久以前，美国的许多无线电台都觉得女性不适合做播音主持，也不能吸引听众。在男权社会里，这就是自然的，没有人提出异议。但莎莉·拉斐尔，这个后来被人们广泛称颂的女人立志于播音事业，她知道这个理想会给自己带来很多困难，但是她不想无视自己内心的渴望。

莎莉开始了征程：她在纽约的一家电台找到工作，做一些非常低级、简单而粗重的工作。但即使这样的工作机会，她也无法把握，她很快就被辞退了，理由是：她赶不上时代，其实，她在学校里是一个“潮流使者”。结果她又失业了一年多，不过她一直没有放弃自己当播音主持人的理想。

一天，莎莉向一个国家广播公司职员谈起她的清谈节目构想。“我相信公司会有兴趣。”那人听完后很兴奋地说。但此人不久就离开了国家广播公司，莎莉的理想又石沉大海。莎莉仍没有灰心气馁，她直接找到电台去。

另一位职员接待了莎莉，莎莉于是把经过完善的构想提出来。那名职员听完之后，也夸奖是个好主意，但是不久此人也失去踪影。

接连的失败，却使莎莉更坚定。她又开始找其他的职员。最后，她说服第三位职员雇佣她，这个人虽然答应了，但提出要她在政治台主持节目。

“我对政治所知不多，恐怕难以成功。”莎莉心想，但是她没有拒绝，毕竟这次机会很难得。

回到家里之后，莎莉把自己的担心对丈夫说了，丈夫热情鼓励她尝试一下。于是，第二年夏天，她的节目终于开播。莎莉没有走犀利的男人风，而是利用自己的经验和平易近人的风格，大谈她对7月4日美国国庆的感觉，又请听众打电话谈他们的感受。

没想到，这个令人耳目一新的节目吸引了大量的听众，很多人积极参与互动，莎莉成功了。她主持的节目成为最受欢迎的一

档节目。后来，莎莉·拉斐尔的主持事业越来越顺利，曾两度获奖。在美国、加拿大和英国，每天都有800万听众收听她的节目。

人生没有永远的成功和失败，对于每一个人来说，失败有时候只是成功的前奏，为了跨越失败而走向成功，我们所需要的就是坚持。具备了坚韧的性格和坚持到底的精神，才会把成功紧紧掌握在自己的手中。很多失败者总是怨天尤人，其实，对于大多数人来说，哪怕再坚持一秒，世界也会立刻有所不同。

世界第一推销训练大师汤姆·霍普金斯曾说："成功者永不放弃，放弃者绝不成功。"的确，就像在拳击比赛中，往往是那些能够坚持再战一回合的人不会被击倒。在我们的生活之中也是如此，每一个成功者无不是在人生的十字路口选择了坚持之后，才取得了成功。

亲爱的女孩，成长是一辈子的事情，我们需要每天进步一点点。因此，不要瞧不起刚刚露头的萌芽，**只要它不停下脚步，无论多么弱小的幼芽，总有一天它会开花结果。**

坚持是成功最大的秘诀，在任何领域都是如此。各行各业的从业人员，在工作的过程中，都会遇到各种各样的问题，如果每个人都选择逃避和放弃，那么就不会有事业上的长远发展。为了以后的人生更加顺畅，为了我们能够最大限度地挖掘自身潜能，我们需要从现在开始就培养自己坚韧的性格。

其实上帝是公平的，在赐予女孩柔性的同时，也赐予了女孩韧性。女孩的额叶通常较男孩的活跃，而且发育期更早。正因如此，女孩不像男孩那样容易做出冲动的决定，而忍耐性也相对男孩较强一些。

但仍然有一些女孩因为家庭教育的原因变得没有耐心，无法忍耐，急功近利，不善于应对过程。你要知道，你的人生不能由你的父母代替你完成，所以，如果你觉得自己有些急躁，没有韧性，那么就要刻意培养自己的忍耐性。多参加一些能锻炼耐性的活动，比如刻意练练瑜伽等。

成功是一个不断战胜失败和弱点的过程，而人生也是一个不断积累的过程。对于整个人生来说，一次两次的成功根本不算什么，那不过是露出来的一片叶子，即使是开花结果也并不代表着人生已经进入了一个巅峰状态。记住，如果你把某一时段规定为巅峰时刻，那么下一刻就会立刻进入低谷，这是自然规律。所以，即使是面对成功，你也要坚持，不断成长，不断积累，你的人生才会是精彩而进步的。

法国生物学家巴斯德说："告诉你使我达到目标的奥秘吧，我唯一的力量就是我的坚持精神。"是，人生有很多目标，树立一个目标，坚持下去，就是胜利，胜利之后，还要继续寻找下一个目标，再完成下一轮的胜利，直到永远。

总之，坚韧是获得成功必不可少的性格品质，是每个人在追求理想达成目标的道路上，能否抵抗失败的打击、坚持到底的一个重要条件，也是每个孩子面对成长过程和成长细节所必需的耐力。作为女孩子，如果你能够持之以恒地为自己的目标而努力，那么你距离成功便不会太远；如果你能永远坚持不懈地奋斗、前进，那么你的人生每天都会有不同。

自己给自己安全感

成年后的女生通常说的最多的就是“安全感”，她们希望自己的工作能给自己安全感，希望自己的男友或者老公能给自己安全感，希望上苍安排的事情一切都是一帆风顺的。其实有这些想法的女孩子本身就没有安全感。

什么是安全感，为什么这些女孩子会没有安全感？怎么才能获得安全感呢？

首先，安全感是一种感觉、一种心理，就是人在社会生活中有种稳定的不害怕的感觉。大多数女孩都希望从外部寻找安全感，其实安全感是对可能出现的对身体或心理的危险或风险的预感，以及个体在应对事情时的有力或者无力感，主要表现为确定感和可控感。也就是说，没有安全感的女生通常是没有自信的、依赖感强的、人生迷茫的，同时内心深处又充满怀疑，对任何人都无法做到完全信任。

女孩大学毕业后，进入了一家大报社做记者，虽然记者很辛苦，但薪资高，而且工作非常受尊崇，女孩觉得非常满意。她兢兢业业地干了5年。

有人说：生活就是一个日子复制在另一个日子之上。没错，女孩最初的激情已经逐渐消失在日复一日的公文式写作中。她变得消极而迷茫，不知道自己的人生到底哪里出了问题。她不喜欢这份工作，她更喜欢写作，她希望自己不是坐在办公室里按部就班、毫无建树，而是坐在一个幽静的环境中，潜心创作，最后成为一名出色的作家。但她知道，自己一旦放弃这份待遇优厚的工作，就可能要过起漂泊的生活，她觉得，没有稳定的收入会让自己的生活失去安全感。

一次，女孩去故乡出差，顺便去探望父亲的一位朋友——一个出色的外科医生。父亲生前曾极力推荐女孩和这名医生聊聊，父亲觉得医生是智者。

进门后，女孩就失望了，这是一个看起来不修边幅的老人，胡子和头发都很长。说的也都是普通的话，家长里短，啰里啰唆，并没有给人特别有智慧的感觉。女孩心淡了下来，决定待一会儿就告辞。

见女孩沉默下来，这位老人忽然问道："我猜你是遇到了什么纠结的事情。"女孩不由得一愣，倒不是因为他猜中了她的心事，而是他用了一个词——"纠结"，这是一个在年轻人中间流行的口头语。职业的敏锐性让她立刻想知道这样一个老人对于"纠结"到底有着怎样的理解。

于是，女孩问道："您用了'纠结'，那么您这一生有什么纠结的事情发生吗？"

老人听了之后并没有说什么，只是微微一笑，然后起身进了洗手间，留下女孩莫名其妙地望着他的背影。过了几分钟之后，老人出来了，又坐在女孩的对面。女孩吓了一跳，她发现老人的胡子被剃光了，显得干净了一些，但由于伤痕累累，靠近嘴唇的地方还有一处指甲长的刀痕，还在渗血，又显得悲伤而凝重。女孩不解地望着老人，不知道他此举是何意。

老人自嘲地笑笑，解释说："很奇怪对吧？我是一名外科医生，30年来做过无数次手术，从未出过错。这把剃须刀还不及手术刀的1/10锋利，而我却被它弄得伤痕累累，你说我'纠结'不？"老人的语调轻松而幽默，女孩不由得大笑了起来。

老人也陪着她笑起来，然后非常感慨地说："我退休4个月了，这4个月我过得非常难过，我觉得仿佛失去了安全感，就好像人生已经不再受我控制了。"

女孩仿佛遇到了知音，她立刻回应道："是的，我现在就是这样一种状态，我感觉自己不能离开现在的这份工作，因为我需要钱活下去，可是在这里工作我又不开心，我不能完成自己的理想。人都说为了理想而奋斗，可是我现在感觉自己毫无安全感，我真希望有人能给我一笔财富，让我有精力完成我的写作。"

老人一听，摇摇头，说："孩子，你错了，想要获得安全，途径只有一个，就是学会操纵刀的技能！人生的每一步改变都可能会让你觉得失去安全感，可是安全感只有你自己能给你，因为只有你自己知道你最需要的是什么。当你在物质上的追求无法得到满足的时候，你会觉得没有安全感，可是如果你相信自己，并乐于培养自己坚定的不受外物影响的心，那么你就会永远拥有安全感，因为你是自己，而不是你工作的附属，不是金钱的附属，不是别人的附属，你就是你。当你达到这样的心境的时候，你发现你有能力控制得了周围的一切，特别是在环境变化的时候，你能够很快适应。"

女孩记住了老人的话，但她一时还消化不了。她需要深思其中的内涵。

从故乡回去后，女孩想通了，不久她就毅然辞去了报社的工作，回家一心一意地专事写作。后来，她的文章大获成功，终于成为一位著名的作家。

安全感是谁给的，是自己给的。人会有物质和精神两方面的需求，当精神需求得不到满足的时候，人会感觉没有安全感，对世界失去信任感，觉得自己很倒霉，无法掌握命运。同样，人如果在物质方面得不到满足，也会产生不安全感，同时会产生一种对金钱控制的欲望，希望自己能够得到财神的眷顾。

其实，在我们小的时候，无论是物质需求还是精神需求，我们几乎无法自给自足，我们需要外界的垂怜，尤其是父母对我们的恩赐。可是他们可能根本无法给我们安全感，根本无法满足我们物质和精神方面的需求，而我们又无法选择父母，无法选择自己的家庭。这时候，我们并不是可怜的，没有希望的，因为我们还可以自己给自己安全感。下面是一个女孩子的日记，我们看一下她是怎么找到安全感的。

从小，我就没有安全感。我的家境本来就不好，可爸妈还老是吵架，经常吓得我胆战心惊，只能躲在旁边哭。在家不敢说话也不想说话，在学校里也不怎么跟同学说话。那段时间，我变得特别孤僻，可却也显得特别乖巧。回到家后，我总是会帮爸妈分担很多事。

那时候，我唯一的愿望就是希望父母少吵架，家里能和睦点。有一段时间，我非常怨恨父母，觉得自己是可怜的孩子。我希望早点挣脱这个家庭，早一点独立。

为了改变命运，我非常努力地读书。可是我读的书越多，我就越发现，父母之所以吵架，是因为思维狭隘，总是依赖对方能替自己多承担一些。有一本书还分析说，这是他们缺乏安全感的表现。

那时候，我真的是被“安全感”这个词吓到了。我一直以为爸爸妈妈应该给孩子“安全感”，我没想到夫妻双方也应该互相给对方安全感。之后我分析父母的吵架，我发现，他们两个人每个人拥有的都很少，他们拥有的爱心少，能力少，承担少，所以，他们特别希望依赖对方，希望对方能够给予自己安宁，希望对方能够忍耐一些，能让家庭变得和睦。

也就在那之后，我一下子明白了，如果我自己拥有的太少，那么我就会没有安全感。我所说的拥有并不是物质，而是精神，我希望自己足够强大，我希望自己能拥有诚挚的爱心，我希望自己能够真正做到包容。我不再抱怨父母，也不再怨恨他们。我开始伸开我的双翼，我要保护他们，我要给他们安全感，同时我也要让他们学会给自己安全感。

正如我所料，我的父母慢慢平息了战火，他们的固定思维使他们还是觉得愁苦，还是觉得对方不愿意付出，但是他们每次在我面前都会觉得非常愧疚。我在家里的时候，他们通常吵不起来，因为我会帮助他们去为对方着想。

现在，我父母的关系好多了，而我，你能想象吗？我已经成了一家服装设计公司的老板。每当夜深人静的时候，我望着星空总是在想，这难道就是曾经的我吗？那个可怜虫？那个一直认为自己是被命运抛弃的人吗？

世界上没有绝对安全的地方，也没有一劳永逸的事情。我们的人生中充满了各种各样的选择，也布满了各式各样的荆棘。如果我们总是从外界去寻求安全感，希望有丰富的物质生活，希望有人宠爱，那么我们可能永远无法获得安全感。即使上帝恩赐，我们从一出生就是一个幸福的女孩，有着殷实的家庭背景，有着爱自己如掌上明珠的父母，一旦环境改变，我们还是会失去安全感，我们可能无法应对危机和未来。

亲爱的女孩，我们需要自己给自己安全感，我们需要修炼生存的技能，我们需要磨炼强大的内心，这样，即使面对不安定的环境，我们也不会失去安全感，因为我们有能力去应付，有能力获得自己需要的生活。

你的责任感达到几度

也许你现在还无法对“责任感”这个词有感觉，因为你在对你负责的父母身边生活，在对你负责的学校学习，你被别人的责任感包围着，无忧无虑地做着“小公主”。如果真是这样，那么请允许我们放眼看看未来，看看未来社会对我们的要求。

要想知道未来社会对我们有什么样的要求，我们得去招聘会看看。现在各行各业广纳贤才，但所谓的人才并非技能上的专家，大

多数企业对人才的定义都包含“有责任心”这一条款。因为没有责任心，就意味着人才的能力无法得到有效的发挥和利用。

责任心对于现代企业来说很重要，对于现代的个人来说也非常重要。没有了责任心将会失去企业对你的信任，没有责任心，将会失去爱人对你的信任，甚至会失去亲人对你的信任。也就是说，在父母对我们负责的同时，我们对父母也有责任，我们需要尽孝心，需要帮助父母完成他们的一部分心愿（这里的意思并不是说按照父母的意愿来设计你的人生）。对于任何一个人来说，他活着，就要对他的生命负责，对承载他生命的载体和他的生命所需要承载的东西负责。

但是一直以来，人们对于男孩的责任心要求比较高，因为在当今的社会文化中，一个男孩需要对自己的未来负责，将来需要对自己的妻子、孩子负责，还要对自己的父母负责，当然，他也需要对自己的企业负责，对自己所在的组织和团队负责。其实女孩一样需要对自己的未来负责，将来对自己的丈夫负责，对自己的孩子、老人负责。从这一点来说，男孩女孩没有什么区别，甚至对于女孩来说，责任感强的女孩还能获得更多的幸福感。

因为责任感强会让女孩有耐心，责任感强会让女孩愿意承担，责任感强会让女孩愿意付出努力去磨炼自己的品质和能力，于是责任感强的女孩安全感强，责任感强的女孩有勇气和信心面对一切不安定因素，所以责任感强的女孩会找到属于自己的幸福，也会认真地经营自己的幸福，而不会因为心的不安定而使自己的人生也处于不安定之中。

从儿时聆听父母给自己讲的水晶鞋的故事起，每一个女孩都对幸福充满了渴望，但是幸福是自己创造的，不是靠上天垂怜的。每天祷告幸福来临，不如多做一点，充实自己。虽然责任心是一种“负重”，你需要付出一定的代价，你需要隐忍，你需要为了别人而牺牲自己。但是所谓拥有并不是张开触角到处掠取，亲爱的女孩，真的希望你能够明白这一点。有时候舍弃才是真正的拥有。

也许这话你还难以理解，就你稚嫩生命的理解力来说，你也许还没有过舍弃才是拥有的经验，你还没有因为牺牲自己而获得的体验。大多数人对你说起责任的时候，都会这样说：责任心是一个人品格和能力的承载，是一个人走向成功所必不可少的素养；所有成功的人都有一个共同的品质——有责任感；聪明、才智、学识、机缘等固然是促成一个人成功的必要因素，但缺乏了责任感，他仍是不会成功的；一个人要想在社会上立足，就应当把责任感融入自己的生活态度中，无论在工作上还是在生活中，都要提醒自己做一个负责任的人……

这些话都对，可是都难以融入你的心中，由于道德的压力，或者稚嫩的反应，你可能不敢公然反抗，但是内心里你未必认同。你有些害怕，你不愿意承受负重，你也不愿意牺牲太多，但是对于摆在你面前该你做的事情，你不会拒绝。比如，轮到你执勤打扫卫生，你不会故意找借口而不去。但是如果在大街上，你遇到了一个坏人抢劫，你可能不敢张口，你甚至可能会闭目塞听，假装自己没有看见。

这并不说明你有多么坏，你只是害怕歹徒盯上你，你只是在保护自己。而且，你也有理由说：因为大家都在这么做，我一个小女孩能干什么。几乎没有人指责你，你的确没有义务与歹徒搏斗。但是你至少可以悄悄报警，你所生存的这个社会，你有义务去维护它的安定，尽管你的力量可能是杯水车薪，可是如果所有的人都站出来，维护我们的社会，那么就不会再有人抢劫，也不会再有任何不安定的成分。

一个正常的社会就应该是人人对自己负责，人人对社会负责的状态，只是由于现代人浮躁心理过盛、急功近利、自私自利，已经没有人愿意主动去观看自己的内心了，大多数人都认为那是没有用的尾骨，是该舍弃的时候。殊不知那不是尾骨，而是脊梁骨。舍弃了脊梁骨，我们还如何挺立着做人？

当然，这样说道理还是太大，这个责任感的“度”也太高，有点可望不可即，对于小女孩来说，关于整个社会的素质问题毕竟离你还很遥远，但至少你应该从自身做起，学会负责。

我们周围很多人在做错了事情之后，总是会想方设法地逃避，甚至百般抵赖。这种人认为如果自己做错了事，别人不知道的话，也就没什么责任可言。说白了，就是缺乏做人的基本责任心。我们不能让自己的思想受到这样的生活观影响。

女孩的责任心就是一个民族的希望，因为女孩所要承担的不但是自我完善的任务，还承担着教育后人的重点责任。亲爱的女孩，培养自己的责任心，让自己的灵魂为之闪光，让自己周围的世界充满精彩。这样活着，你根本不用左顾右盼地寻找什么意义，你这个人本身就是世界的全部意义。

时刻准备着，积累未来的资本

《庄子·逍遥游》中有这样一段话：“北冥有鱼，其名为鲲。鲲之大，不知其几千里也。化而为鸟，其名为鹏。鹏之背，不知其几

千里也；怒而飞，其翼若垂天之云。是鸟也，海运则将徙於南冥。南冥者，天池也。齐谐者，志怪者也。谐之言曰：‘鹏之徙於南冥也，水击三千里，抟扶摇而上者九万里，去以六月息者也。’”

今天，我们经常用“鲲鹏展翅几万里”来激励自己奋斗，我们都希望将来有一天能“扶摇而上者九万里”，但真要达到如此一鸣惊人的震撼能量，我们需要做多项准备。没有人能够随随便便成功，所谓的“平步青云”“一夜成名”，背后都有很多看不见的奋斗故事。所以，如果你有一个宏大的理想，那么你要时刻准备着，积累未来的资本。

漫长的一生中，每个人的命运看似变幻莫测，但实际上，我们今天所走的每一步、所做的每件事，都是为明天在播撒种子。当然，如果今天播下的是懒惰，是混沌，那么明天就会收获荒芜；如

果今天我们播下了刻苦，播下了周密的计划和坚决的执行，那么我们明天就会收获硕果。**因为：今天努力，明天才能享受！**

这是一个真实的故事。

费安娜和露丝都是从乡下出来的女孩子，她们怀揣着美丽的梦想来到大城市纽约寻求发展。她们合租了一间房子同住。这两个女孩都希望能在这里找到一份待遇不错的工作，有一天能过上幸福的生活。

可是两个人都没有高学历，也没有丰富的工作经验，她们一个人喜欢唱歌，另一个人则刚做了几天的乡村代理教师，由于恋爱受挫，准备进城里试试运气。

喜欢唱歌的费安娜一口气参加了好几场选秀，可是没有一次中选，很多专家都刻薄地对她说：“你唱歌，还得准备至少50年。”费安娜简直沮丧极了，她甚至有一股冲动，想要在身体上绑上炸药把那些骂她的老师统统炸掉。

而露丝因为有一点教学的经验，很快就找到了一份学校里的工作，但是她不能教课，成了生活管理员。由于薪水比乡村要高出很多，露丝心满意足。每天，当她看到费安娜垂头丧气地回到宿舍，她就显得得意扬扬，并劝说费安娜放弃，她说得振振有词：“何必在不属于自己的东西上费尽心思呢？这个世界为你敞开了好几扇大门，不是吗？你看我，现在不是很幸福吗？”

费安娜沉默了三天之后，终于接受了露丝的建议，放下唱歌的理想，出去找工作。显然，她的运气差极了，最初，她只是在一家宾馆做清洁工作，但她干起活来非常认真，尽管她的认真更多来自对命运的愤慨，她已经在灵魂中将自己发配到一个低等的地方。但让费安娜惊喜的是，她很快发现，她竟然对酒店管理非常感兴趣。

于是，在业余时间里，费安娜就会到宾馆附近的培训学校选修酒店管理的课程。在工作中，她也按照酒店的礼仪标准，努力矫正自己的乡下口音和一些都市人难以接受的习惯。不久以后，她申请并获准成为一名服务员。

费安娜仿佛找到了人生的方向，她不再沉迷于自己并不擅长的音乐，而是认真研究起酒店管理来。这个阶段，费安娜显得非常忙碌，可是却毫无积蓄。而露丝却仿佛找到了金矿，她因为特别照顾了一位富翁的孙子，拿到了富翁给的一笔价值不菲的小费。露丝美透了，开始爱上了花天酒地的生活。

一年以后，费安娜已经当上了她工作的那家宾馆服务部的经理。并认识了一位年轻有为的律师，两人坠入爱河。而露丝辞掉了工作，周旋在几个男朋友中间，她把自己塑造成一个有身份的娇小姐，来吸引一些富家少爷的目光，企图攀上金枝做凤凰。

又是两年以后，费安娜自己开了一家小型旅馆，并和律师结了婚，得到了她想要的幸福。而露丝呢？她的男友换了一个又一个，却始终没有找到能把她带到金銮殿的，大多数人都不过是“镀金的破铜烂铁”——露丝这样形容着。与此同时，她也已经坐吃山空，她每天都需要对天祈祷：上帝一定要救救我，再不救我，我明天就要堕落了。

事实上，我们当中的很多人，都像女孩露丝一样，每天幻想着会从天上掉下来一个非常好的机遇，从而实现自己的梦想。他们并没有清楚地意识到，机遇其实无处不在，但没有准备的人是看不到它的。

尽管我们还没有进入社会，能改变我们命运的机遇还很少遇到。但在学校的这个阶段，正是我们积累资本的最佳时期，多读几本好书、多交几个好朋友，甚至养成几个好习惯，这都是资本。

有位哲人曾说过：**愚者错失机会，智者善抓机会，成功者创造机会。**对于小女孩来说，我们正处于创造机会的阶段。别等在那里，傻兮兮地对着星空祈祷：上天啊，赐予我……

很多时候，意外而轻易得来的东西，大多数人都不会珍惜，这是因为人们的潜意识里不会把那当作是自己的机会，而是当成偶然的幸运。比如，你在路上捡到15元钱，你不会把它存进存钱罐，就像你辛苦赚来的钱那样，你可能立刻会把它花掉，请朋友或者犒赏一下自己这张嘴。为什么？因为你觉得这钱是意外得来的。同样，机遇也是如此，如果你轻易就得到了机会，你可能没有机会检验自己的能力，你得意于上天的恩赐，而认为自己已经有能力获得某种享受的机会，于是，待在机会上“睡大觉”，或者肆意挥霍轻易得来的机遇。

相反，如果你始终得不到命运的眷顾，你总是无法轻易获得成功，这样，为了成功，你就必须要自己去努力奋斗，不断检验自己、完善自己，你学会了正确审视自己，也磨炼了忍耐的意志。当时机成熟，你的成功也就水到渠成。而同时，你还不会为一点点成功而得意，因为你已经有了检视自己的能力，即使成功，你也能看到自己的不足和需要完善与进步的地方。

所以，如果你真的始终不是个幸运儿，那反而对你是一件好事，不过，你要记住：每天都督促自己，积累未来的资本。成功来找你，概率太低，而你去找成功，那么胜券则掌握在你的手中。

最后，把这句话作为你的座右铭吧：不为明天做准备的人永远不会有未来……

你可以拥有精彩的学校生活

相声里有句话说：念了十几年书，还是觉得幼儿园好混。很多人进入社会中会如此感慨：真不知道当年为什么那么痛恨学校里的一切，今天想来，学校多好，当年的一切都值得怀念，甚至老师的骂声，同学的歧视，还有体育场上失败的耻辱……亲爱的女孩，你现在享受的是纯真年代里最纯美的生活，就像是以你现在的年纪回忆幼儿园的甜美一样，很多成人正在用追悼的方式把他们当年如你现在一样的青春放入祭坛。前车之鉴，当下，你处于人生最美的学校生活阶段，好好珍惜，好好享受吧，别等到失去它之后才后悔莫及。

“笨”女生到尖子生的转变

大多数女孩在学习的过程中都会经历一个从拔尖生到落后生的蜕变。在小学的时候，女孩子总是学习的优胜者，而进入初中后，女孩子的成绩开始慢慢下滑，而男生的成绩则突飞猛进，让女孩感到惊恐。

有人说，这很好解释，女生就是比男生笨，学习简单知识，她们会非常轻松，可是一旦学习难一点的科目，女生们就无法驾驭了，真是这样吗？

威斯康星大学的心理学家珍妮·特海德领导的研究小组曾对美国10个州720万二至十一年级的学生进行了调查，根据他们的调查数据，女生比男生笨根本不是事实。珍妮说：“就智力而言，男女的差别不大。女生之所以到了初中会有成绩下降的现象，除了基础学科没有吸引力外，还因为她们被激励得不够。”

同时，正电子发射型计算机断层显像（PET）与核磁共振成像（MRI）让我们有机会观察男孩和女孩大脑结构与功能的差别。女性的大脑与男性大脑相比，更能接受单调的语言刺激，因为女孩对声音敏感。而对空间机械刺激则是男生的专长，男性的大脑天生更易接受图表、图像和运动物体的刺激。

小学的时候，大多数老师都会使用语言刺激，告诉孩子音节，帮助孩子进行算术练习。这正符合女性大脑的接受方式，于是在小学的时候，女孩子学习成绩相对要比男孩子好很多，她们仿佛轻而易举就能记住一些难于记忆的知识。

而到了中学之后，理科知识增多，数学、物理、化学的知识相对抽象，老师需要凭借图表和空间机械刺激——比如做实验——来教学，而这恰恰是男性大脑的擅长区域。于是这个阶段女孩子成绩开始下滑而男生则如鱼得水。

简单来说，这只说明，我们的学习方法不对，我们没有用更适合女性大脑的方法去学习抽象的知识，我们需要改变思维习惯。据珍妮·特海德的研究，女性的大脑对外界的影响并没有“免疫力”，而是善于接纳。也就是说，女孩完全有能力在初中时学好理科。

但是还有一个问题需要克服，那就是青春期心理问题。大量证据表明，青春期的女孩因为身体的变化而会有一种对女性性别的重新认识。这个时期，女孩会变得特别敏感，也变得格外焦虑，她们一方面渴望能够实现自己的个人价值，希望成为受人欢迎的具有美感的女性；另一方面，却又受社会文化的影响，不知道自己作为一名女性，到底能“扑腾”到多大（很多女孩子都认为自我价值的实现不过是一种没事找事的瞎扑腾，这就是重视男性社会价值的社会文化的影响）。当然，她们最关心的还是自己在男生心目中的印象和地位。

所有这一切都会耗费女孩子的精力，让女孩子不能安心学习。有那么一段时间，女孩子几乎成了情绪的奴隶，一会儿跳上自信的巅峰，觉得整个世界都在为自己而活，一会儿又跌入低谷，认为自己不过是一个碌碌无为的小蚂蚁，根本没有人会注意到自己。

而此时男孩子大多还没有进入青春期，他们尚处于懵懂的阶段，忽然觉得以前难学的知识变得容易起来，于是他们铆足了劲开始学习，兴高采烈地动手做实验验证自己所学的知识，心满意足地享受学校的生活。

正是上面所有的因素使得女孩子成了“笨”人，而男孩子则一下子成了“聪明”的未来之星。那些一直处于顶尖地位的女生这个阶段的反应会更加激烈，学习地位受到重重威胁，她们不解，愤怒，却又无可奈何。

其实也没有什么，只要你知道其中的原因，从学习方法和学习习惯上进行改变，不断锻炼大脑的空间思维能力，那么你就能从“笨”女生重新回到你的王者之位，把那些男生统统甩在后面。

吴易泽是过来人了，尽管她只有15岁，还在读高二，但是她刚上初中的时候，充分体会了从顶尖地位堕落到“笨”女生的耻辱。

和大多数女孩子一样，吴易泽在小学六年级的时候，就已经对数学兴趣不大，她只是硬着头皮和一些数字计算之类的知识打交道，以维持自己的尖子生地位。她更喜欢语文和英语，她喜欢看书，听故事，还喜欢看英语电影。女性依赖听力学习的大脑帮了她的大忙，在语文和英语方面，她几乎无往而不胜。

一进入初中，她就进入了青春期，没有征兆的，她忽然关注起同班的差生徐唐来。徐唐特别调皮，她这个班长得每天盯着他才行。可是随着两人接触的机会越来越多，吴易泽发现徐唐其实非常聪明，他总是会用非常调皮的话解释自己的捣蛋行为，比如：不在课堂上睡觉，就在操场上胡闹，你来管我，没有必要，我的人生早已经跑了调。

善良的吴易泽开始只是觉得徐唐有点可怜，她觉得他很聪明，如果投入到学习中，前途不可限量，因此她将大把的时间都用来说服教育徐唐。徐唐渐渐有被感动的迹象，竟然像模像样地跟着吴易泽学习起来。吴易泽感觉非常欣慰，可是没想到，班级里很快传出来一些流言蜚语，说吴易泽喜欢上了徐唐。

吴易泽慌了，自己怎么可能喜欢上徐唐呢？她于是故意对徐唐更加严厉，也慢慢疏远了徐唐。徐唐也非常知趣，不再故意调皮捣蛋，而是静静地开始学习。当然，他已经发现了那些曾经毫无意义的数字里面的趣味性。而吴易泽总是会有意无意地去看看徐唐，美其名曰，看看他是否在努力。

期中考试之后，吴易泽彻底地跌入了低谷，她的成绩一下子下滑二十多名，尤其是数学，刚刚及格，而徐唐的数学则考了95分。

之后，两人的命运来了个颠倒。徐唐成了老师的宠儿，而吴易泽则成了老师摇头叹息的对象。吴易泽黯然辞掉了班长的职务，专心学习。尽管她非常努力去学习数学，可是以前的学习魔棒似乎已经被传给了徐唐，她无论如何都提高不了。

吴易泽痛不欲生，觉得命运跟自己开了个巨大的玩笑，她特别后悔当时对徐唐的照顾，否则，她可能不会落得如此下场。她开始痛恨徐唐，痛恨老师，痛恨所有嘲笑自己的同学。她不再愿意上学，甚至向父母提出转学。但是由于她家的经济情况，她根本就不可能转学。没有办法，吴易泽只好忍受这种从高峰到低谷的心灵折磨。

一天放学，吴易泽做完值日最后一个走。当她锁上教室门的时候，徐唐偷偷地叫住了她，让她跟着自己走。吴易泽痛恨地尖叫道："滚，滚远点。要不是你，我不会落得如此下场。"徐唐显得很委屈，他张开嘴要争辩，但是马上又闭上了嘴，他叹了口气，只是递给了吴易泽一个盒子。吴易泽余怒未消，把盒子打翻在地，并一脚踩在盒子上，盒子被踏了个稀巴烂，从盒子里露出几本书。徐唐也生气了，他气愤地说："我只是想要给你几本锻炼思维能力的书，这些书对我学数学特别有帮助。没想到，你却如此不可理喻。人生是你自己的，生气也是你自己的，你自己看着办。"徐唐又恢复了以前的捣蛋模样，尖着嗓子说："谁的人生谁做主，想要成为情绪奴隶的人，永远也尝不到成功的果实。阿门。"

吴易泽被气乐了，但她立马又故意绷起脸。徐唐见此又说："不要为旧的悲伤，浪费新的眼泪。"吴易泽终于绷不住了，怨怒却又不无开释地抱怨着："要不是帮助你，我也不会成为落后生。"徐唐立刻说："谁说你是落后生了，你只是为了帮助后进生，而亲自体验一下落后生所受的待遇罢了。"

吴易泽的气全消了，她格格地笑了半晌，忽然想起什么似的，问道："说，你的数学怎么突然学得那么好，我为什么连最简单的推理也做不了了。"徐唐一本正经地说："说的就是呢，我就是为了帮助你，才给你送几本书，以报答当时的知遇之恩，谁知是狗咬吕洞宾……"吴易泽连忙打断说："行了，行了，让我看看书吧。"

徐唐的书哪是什么锻炼思维游戏的书，而是侦探故事、魔方玩法。吴易泽看了不禁要发怒，徐唐连忙说："学数学，可以锻炼自己的逻辑思维，一些侦探推理小说的主人公，其实很多都是拥有深厚的数学基础。还有你以为魔方只是转着玩吗？里面有很高深的数学。我以前就喜欢看，喜欢玩，我想这对我学数学特有帮助，把你当铁哥们才告诉你，不信拉倒，我走了。”说着徐唐收起书要走，吴易泽连忙拦住，但还是心存怀疑，她问道：“真的有用吗？”徐唐并不答话，吴易泽一把把徐唐的书抢过来，走了。剩下徐唐在后面偷偷地笑了。

让吴易泽沮丧的是，看那些侦探故事还有点意思，可是一到魔方，她就完全晕了头，根本就找不到头绪，不过徐唐倒也非常够意思，经常在周末到吴易泽家帮助她讲解，还给她传授独家学数学的方法。

吴易泽呢，则帮助徐唐补习英语。他们在网上下载一些著名的动画，学习美国人的发音和词语用法以及语法。每当此时，吴易泽就会信心倍增，她会把在学数学时候从徐唐那里所受的“侮辱”全部还回去，看着徐唐听英文抓耳挠腮的样子，吴易泽乐不可支。

吴易泽和徐唐成了铁哥们，虽然他们依然嬉笑打闹，依然会有一些不怀好意的同学传着他俩的闲话，但是吴易泽仿佛已经卸下了心里的负担，她已经能够正确看待自己和徐唐之间的关系。

到期末考试的时候，吴易泽重新又回到了第一的宝座上，而徐唐则以惊人的速度进入前十名。

故事给了你全部信息：成为尖子生并不难，你首先得知道你的学习问题出在哪里，是不能集中注意力，还是学习方法不对头。找到问题的根源之后，对症下药，你很快就能改正你的问题。

校园里的孤独女=黑夜里的鲜花

并不是所有的女孩子都能够成为《流星花园》里面的杉菜，在被大势力孤立的情况下还能顽强不息。如果你看过《流星花园》的话，那么就该知道这句话的意思。其实在学校里，每个人都需要有朋友，校园里的孤独女，就是黑夜里的鲜花，即使在灿烂地绽放着，也因为没有欣赏的目光而黯然神伤。

我们前面已经说女孩子是靠关系来解读这个社会的，可并不是每个女孩子都能够轻松地处理好每一种关系，有一些生来内向的女孩子，或者在家庭中备受排挤而变得不自信的女孩子，抑或者学习不好、能力不强、不受关注的女孩子，她们通常都难以融入学校生活中，和同学的关系也是格格不入，要么成为人见人厌的“刺玫”，要么成为不见天日的墙角的“青苔”，可怜兮兮地度过人生最美好的校园时光。

而且，据心理学家研究发现，一个被孤立的或者自愿孤独的孩子，更容易产生厌学心理，并害怕与人交往，渐渐变得冷漠，毫无生活情趣。所以，改善自己和同学之间的关系，不再做校园里的孤独女生，对于女孩子来说非常重要。

玲玲特别胆怯而内向，大多数时候，她宁肯割掉自己的舌头，也不愿意在大庭广众面前讲话。因此，虽然玲玲一直名列前茅，可却是班级里的影子人，她没有好友，没有人愿意和她一块玩。

每天，玲玲孤独地上学、放学，享受着一个人学习的轻松和寂寞，又满怀羡慕地看着其他同学在教室里、在操场上三五成群地玩耍。她不是不想和同学们一起玩，她也曾尝试过，但有好几次，她一进入到人群中就感觉自己变得紧张兮兮，呼吸困难，而同学们似乎也表现得非常厌烦，不得已，她只好赶快溜走了事。

高一的时候，玲玲因为成绩突出受到了学校的嘉奖，然而在评比“三好生”的时候，却没有一个同学选她。老师强烈推荐同学们选这个各方面成绩表现都很出色的孩子，可一个调皮的孩子问道：“老师，我在这里待了快一年了，我甚至不知道玲玲这个人，你让我怎么选她？”

那一次，玲玲受到的震撼特别大，一直以来，她以为这样默默地学习，成为最优秀的人，应该是她的最好的形式，既然不善

于交往，那不如不交往，反正只要做好自己的事情就行了。她没想到，自己并没有得罪任何人，可还是一样不受人欢迎。她不想这样，她不希望自己如此被人排斥，她要成为一个能融入学生中间的学生，而不只是一个成绩的奴隶。

事后，玲玲跑到心理咨询老师办公室，无比激动地要求老师把自己变成一个善于交往的人。心理咨询老师语重心长地说：“我没有魔法可以让你一夜之间成为受欢迎的女孩，你要成为你想要成为的人，必须要自己走出去，没有人能帮你。当然，一开始你可能觉得很难，但是即使是硬着头皮你也得去做，你不要担心你的同学会嘲笑你，不会，你成绩这么优秀，其实他们都希望从你这里取经。所以，你不妨从帮助同学改善学习开始，先找到一个好朋友，然后慢慢融入集体。好了，去做吧。当然，如果你有什么问题可以随时来找我。”

玲玲知道老师说得没有错，必须要逼着自己去与人交往，尽管这看起来很难。玲玲咬咬牙，心想：“既然那么难的作文题目我都能写得特别好，难道和人说话还不会吗？”

这之后，玲玲刻意改变自己，她微笑着和每个同学打招呼。最初，她的声音就像蚊子，很多同学都因为没有听见而转身离去，让玲玲尴尬得想钻进地缝。心理咨询老师告诉她：将声音放大，先不要管你说的是什么。玲玲照着去做。出乎意料的是，玲玲的很多同学听到玲玲和自己说话时，都感觉很惊讶，而且都表现得非常乐意倾听。这让玲玲稍稍有了一些自信。不久，她就有了几个谈得来的朋友。

可是，玲玲依然不擅长在众人面前讲话。心理咨询老师告诉她：她这是社交恐惧症，必须要一点点锻炼自己的胆量和自信。玲玲选择了课堂上回答问题，她的成绩很好，课堂上几乎没有什么问题难得住她，因此，她很容易在这个地方找到自信。果然，不久玲玲就不再恐惧在人群中说话了。

后来，班里的学习委员转校了，玲玲非常积极地申请做学习委员，并要求还是按照投票制来进行。老师虽然知道她已经转变了很多，但还是很担心。结果，玲玲的表现让老师很满意，她以全票通过学习委员的选举。那个不选玲玲为“三好生”的同学说道：“玲玲能让我这个落后生喜欢上学习，她为什么没有资格做学习委员？”

学校里的孩子都渴望友谊，越是内向的孩子，越希望自己能站在人群中间口若悬河、大谈特谈。每个孩子都希望成为最受欢迎的人。可是由于自身或者外界的因素，一些孩子无法融入精彩的学校生活中，成了孤独使者。

其实人际交往和学习一样是重要的，而且是需要努力的。人际交往是完善自身的一个非常好的方法，通过和别人交流，你可以发现自己的不足，别人的长处，从而能够全面地评价自己，并有动力去完善自己。但是要想学会和人交往，你还得学会一些技巧，具体的技巧我们在后面的章节深入讨论，这里要讲的就是你的融合心，即你得和你所生活的集体能够心理相容。

心理相容是指一个团体或集体中的成员，心理协调一致，或指成员间在言谈、举止、思想观点、个性品质、风度、气质等方面能互相接受，每一个成员至少在某一个具体方面被其他成员所认可。也就是说，你要能从心理上接纳你所生活的集体，同时还要能积极帮助集体，加强自己的技能学习。

心理学家认为：**心理相容是人们正常相处的重要心理基础，心理相容能使人们的关系和谐一致。**一个孩子无法认同自己所在的集体，那么不但自己在其中生活感到别扭，别人和他在一起也会有别扭感，觉得与之合不来。那么，怎么与自己的同学和集体做到心理相容呢？一般来说，应具备三个方面的条件：一是你得和同学之间能够相互了解，既了解各自的优点，也了解各自的缺点；二是你要和同学之间能和睦相处，善于运用正常的方式取得相近的意见，不刻意制造矛盾，也不迁就别人，使自己成为附属；三是乐观、开朗，自觉自愿地帮助别人，自觉地维护自己的群体。

一个女孩子，当她能融入自己的集体后，她的能量就不再是个人的，而是一个团队的，很多她一个人无法解决的难题，在集体的帮助下都变得轻而易举。比如，一个心理受到创伤的女孩子，会在自己与之心理相容的集体中迅速恢复健康。这可比受人欢迎对你更有意义。

不管怎样，你都不要再坚守孤独了，有一首歌叫《孤独的人是可耻的》，你当然不是可耻的，但你却因为孤独而错过人生最美的校园生活。

积极参加集体活动

随着封闭型教育向开放型教育的转型，“参与”的重要性已引起了教育界的广泛关注。但当下的孩子们，在标榜个性、自我中心与“非主流”的大环境中，“不群”已经被越来越多的孩子当作自己的价值取向。一些男孩子特别是处于青春期的男孩子甚至会把另类、不服从命令当成一种“耍酷”的标准。女孩子虽然还没有男孩子那样明显，但也有一些表现形式不容忽视，比如不重视学校的集体活动。

教育界不断呼吁老师加强对中学生“参与意识”的重建，但是在一些老师不得要领的解读下，孩子们反而变本加厉，越来越严重地孤立学校的集体活动形式，而无视老师在身后声嘶力竭的呐喊：孩子们，“参与意识”之建构是中学生人格成长过程中具有全局性意义的重要一环，如果你们现在没有“参与意识”，那么将来无论从事什么工作，都可能无法融入集体中，并最终被淘汰，即使你自己创业，你也可能因为没有“参与意识”而被别人孤立。

当然有时候，学校的集体活动的确难以吸引你们。尽管如此，这并不表示你需要反抗，需要远离集体活动，要知道你是集体的一员，你完全有资格有能力来组织或者帮助组织真正有意义的集体活动。你难道不希望自己在集体活动中贡献自己的一份力量，并在这种贡献中完成自己的成长吗？有一句话说得好：你无法改变环境，但是你可以改变你自己。虽然你还是一名学生，虽然你还要受制于一些制度，听命于老师的命令，但是至少你可以发出你的声音，至少你可以通过行动来让你的老师看到他的确应该向你学习，或者把组织活动的权力交给如你一样思维活跃的学生。

其实这种集体活动的组织策划权大多数时候都掌握在学生手中，老师或者校领导只是作为旁观者或者指导者，他们的作用就是维护一些基本的规则，而在这个规则之内，学生有很大的自主权。比如，某班的一个成员因为生重病不能继续上学，这时候你就可以

和你的同学组织一场捐款活动，学校和老师是不会出来阻止的，否则他们就不是德育者了。

为什么这里极力鼓励你要多参加集体活动呢？因为参加集体活动有利于你形成平等观念。我们是孩子，所以无论是在家庭里还是在学校里，我们大多时候处于从属地位，没有多少权力，而且必须要服从父母与老师的要求和安排，在这样的情况下，我们很难形成平等意识，我们总是感觉被压迫，于是想要反抗或者因不堪重负而妥协。但如果我们参加自己组织的集体活动的时候，我们就是自己的主人，没有人发号施令，没有人必须服从，我们只是听从于自己内心的声音，我们只是做自己想做的事情，我们的青春，我们的活力，可以肆无忌惮地展现出来，甚至一些小小的恶作剧式的“胡来”也充满了成长怪味豆的意味。如此，你如何不能很好地发展自我呢？如此，你又如何能不会形成平等意识呢？

我们可以在集体活动中完成心灵的建设。我们前面一节也已经说过，积极和同学交往，有利于我们的心理健康。当自我意识渐渐形成后，我们可能对于权威者父母和老师既恨又爱，很多心里话想说又不敢说，特别是女孩子，感性的特征使我们显得非常情绪化，一句话说得好可能引得我们笑逐颜开，一句话说不好可能就会让我们霜寒地冻，忽而梨花带雨，忽而笑靥如花，看似精彩，实则是一种心灵的痛苦折磨。但是如果我们能够积极参与到集体活动中，那么就会受到整个集体激情力量的感染，不会再为春花秋月而悲，不会再为阴晴圆缺而愁，不做娇小姐式的无病呻吟，投入到火热的青春理想中去。

积极参加集体活动还有利于自我个性的形成。由于每个孩子的智力差异和个性品质的不同，在交往中，有的充当了群体的“头儿”，有的充当了群体的“军师”，还有的孩子“随大流”。但是如果你能够积极贡献自己的智慧，展示自己各方面的能力，那么你就不会永远是“随大流”的人，而能成为组织者、宣传者或者有力的执行者。不管你在活动中扮演什么样的角色，这对于你自己的个性形成都非常有帮助，它可以迅速让你长大。

当然了，即使你只是一个“随大流”的人，对你来说也不是完全没有好处，这有利于培养你的合作精神。合作精神是做任何一项工作都必不可少的，也是所有企业对员工的基本要求，当你能够在群体中学会和别人协作，那么你就已经具备了能凝聚高于你自己十倍百倍的能力。

当然，无论你参加什么样的集体活动，你都要有自己的想法，你要学会思考，不能只是一个“听命者”，只是一个给我一把尺子我就去量尺寸，给我一杆秤我就去称量重量的机器人。否则，你就无法形成鲜明的个性，也就没有任何吸引力和创造力，你的未来发展总是会遭遇各种瓶颈。

一位成功学家曾经说过这样一句话：“**成功的人之所以成功，是因为他们拥有良好的人际关系。**因此，你们应该不断地建立良好的人际关系，不断结交新朋友，同时跟他们维持良好的友谊。”而构成这样优秀的你的要素，少不了你在学校中的历练，少不了你在集体活动中的历练。

所以，积极参加集体活动吧，它能为你指引未来的方向。

同桌的你：你我那不散场的青春

明天你是否会想起
昨天你写的日记
明天你是否还惦记
曾经最爱哭的你
老师们都已想不起
猜不出问题的你
我也是偶然翻相片
才想起同桌的你
谁娶了多愁善感的你
谁看了你的日记
谁把你的长发盘起
谁给你做的嫁衣

不知道你是否熟悉这首在20世纪90年代红极一时的校园民谣，这首由高晓松作词作曲，由老狼演唱的歌曲曾经感动了很多人。表达了长大后的人们对学生时代与同桌之间那种美好纯真的往事的追忆，充满了怀旧和思念的感伤。

也许，现在你对于你的同桌根本就没有什么好感，你仇恨于他的动作，你不齿于他的学习成绩或者语言，你嘲笑于他的各种糗事，但总有一天，当你已经成为一名地地道道的大人，你甚至还领着自己的孩子，在大街上忽然看到这个当年你一点好感都没有的同桌，你会毫无预兆地被思念击中。而且，你会瞬间穿越时空，来寻找你的校园生活，寻找你曾经与同桌在一起的纯真的玩闹，就连仇恨，也带着青苹果的味道。

还记得吗？你们之间有这样固定的交流模式：

老师来了叫我一声！

快写！写完借我抄抄！你先抄，抄完给我！

下一节什么课啊？

还有几分钟下课啊？

借我用下橡皮！

别忘了给我打饭！我去打水！

让我看看（考试时）！你几分啊（试卷发下来后）……

嘘，老师在后面（只有口形没有声音的警告）！

哎，那个×字怎么写？那个×怎么发音？帮我看下这道题怎么解？

把你的水给我喝口吧，我刚从沙漠回来。

好，但你别对着嘴啊。我怕你有传染病。

有传染病还能等到现在才传染你啊。

你若借本书给我看，我就告诉你一个咱班内的桃色新闻，绝对私密，没有人知道。

切，在你嘴里，每个人都有桃色新闻。

……

在你的学校生活没有结束之前，你不得不继续享用这些固定的语言公式，虽然这不是你得以长大的定理，但绝对是你长大之后最值得怀念的少年情怀。

学生时代的我们，总是整天待在学校，同桌也许是和我们共处时间最长的人，是一个你无聊时可以闲聊，困难时给你帮助，郁闷时给你开心的人，当然也是你得意时给你打击，你高兴时让你败兴的人，但他永远是那个当你的青春被无情的岁月宣布散场之后，还得以延续你的少年回忆的人。

当然，对于女孩子来说，同桌可以有很多，但闺密或者说知己只能有一个，是可遇不可求的。所以，同桌也就是一个位置上的关系而已。很多女孩子，宁愿隔着许多座位和自己的知己大声地说着“悄悄话”，也不愿意费一点心思在自己的同桌身上。

而另一些女孩子，则是从同桌才开始发展友谊，因为长时间在一起，两人相互了解得越来越多，相互之间都在用心同化对方，也心甘情愿被对方同化，于是成为知己。一旦分开，便觉得痛苦万分，虽不至于肝肠寸断，可一旦见面，就会祭奠那一段段美妙的过往。实实是剪不断理还乱。

最奇妙的，莫过于那一两个异性同桌了。在少年懵懂时，大概就已经开始流行画“三八线”了。可其实这条“三八线”对于大多数女孩子来说都不过是对外的一种宣传，在心里她很希望冰释男女之间的“友谊前嫌”。

一旦进入青春期，这个异性的同桌就更为奇妙了，他理所当然地成为女孩子了解男生的标本，女孩也愿意通过这个近在咫尺的人来了解自己在异性心中的形象和地位。所以大多数女孩子在这个阶段都会既尊重自己的异性同桌，也会刻意保持一种距离感，以示自己作为女性那不可侵犯的尊严。

另一些女孩子呢，她们则对异性充满了强烈的好奇，她们不畏惧在自己身上出现男女之间所谓的桃色新闻，她们肆无忌惮地和男生同桌嬉笑打闹，就像是他们的好哥们儿，当然，只限于好哥们儿。其实，这些女孩子一边在打闹的同时，一边还是会在心里说："哼，谁说男女之间没有纯粹的友谊，难道和男生说话就代表爱恋吗？"其实，这样的想法说明她们依然对于男女之间的种种神秘关系充满了好奇心理，她们需要不断用道德标准来美化自己的行为，既要与传统的思想抗争，又丝毫不敢违背传统思想在自己头脑中所打下的烙印。如果能够被自己的男性同桌拥戴或者喜欢，那将是女孩子一生的炫耀资本。

不知道你和你的同桌关系是否属于上面的某一种类型，或许你还有更奇妙或者说更美妙的同桌关系。不过有什么关系呢？在痛并快乐的成长过程中，曾经有这么一个人，他陪着你一起经历那或精彩或平凡的青葱岁月。

记得有一位60岁的老妇看到自己的孙女和她的同桌一起在雪地里嬉笑打闹，不无暧昧地互相攻击，不禁咧着嘴笑了："这是多么美好的青春啊。"没错，珍惜你正享有的大把青春，要知道，它们很快就会在你不知不觉中把你抛弃的。你可知道这位已经进入花甲之年的老妇也曾经是一个活泼可爱的小女生，她也曾经有那么一个两个和自己一起成长的类似于同桌的人？

爱你的同桌吧，宽容地对待他的错，真诚地赞美他的好，让这段友谊成为你长大不可或缺的桥梁吧。

在成长面前，老师也很敬畏

有这样一个关于不合格老师的笑话：

老师在讲语文选择题：同学们，为什么不选a啊，对，因为a不对；为什么不选b啊，对，因为b不对；为什么不选c啊，对，因为c不对。所以这道题应该选？同学齐声高喊：d。老师说：对，我们讲下一道题。

现实生活中，这样的老师非常少，凡是有上进心、有责任感的老师面对成长中的孩子，都充满敬畏心理。也许，今天孩子们还对日月星辰、花鸟鱼虫充满疑虑，可是明天他们就有可能找到一种踏入另一个星球的方式、知道关于花鸟鱼虫的一切常识。

张爱玲在小说中曾经这样说过："这里青春是不稀罕的，他们有的是青春……新的明亮的眼睛，新的红嫩的嘴，新的智慧。"对于老师来说，他们看到的永远是新的明亮的眼睛，新的红嫩的嘴，新的智慧，而他们自己却渐渐变得老朽，如果不思进取、耻于学习，那么老师就会成为一个阅读题目的机器人，而没有教导学生的能力。

当然，老师能够成为老师，证明他们有老师的才能，能够在不谙世事的学生面前做一个指南针，或者更老套地说，有能力培育未来的栋梁。所以，永远不要排斥你的老师。所有的老师，无论他的品质如何、能力怎样，站在你们的面前，他们就需要扮演好教师的角色。

为了维护教师的尊严，一些教师可能会采取极端的做法，比如打骂学生，但是有一句话说得好，“爱之深、责之切”“恨铁不成钢”，如果你能做到像老师比较喜欢的学生那么优秀，老师干吗没完没了地找你麻烦。

《论语·述而》云：“三人行，必有我师焉。择其善者而从之，其不善者而改之。”我们每天都会遇到能让自己得以成长的人，走路时会遇到，吃饭时会遇到，逛街时会遇到，甚至与人发生矛盾的时候我们也会遇到。任何人与我们有交往，无论这种交往是好的还是不好的，他们都可以成为我们的老师，因为他们是我们的镜子，通过他们的行为，他们对我们的喜好程度、厌恶程度，我们可以知道自己目前是个什么样的人，自己有哪些方面的不足。我们要有一颗善于学习和自省的心，这样我们才能够不断得到进步。

言归正传，既然每个人都能成为我们的老师，我们为什么又容忍不了这些专门为我们做学习指导的老师呢？

如果你不能容忍，那么你首先扪心自问，到底老师的哪些行为和语言惹着了你，让你就是喜欢不起他来。大多数时候，你得出的这个答案会让你大吃一惊，因为如果你跳出自身的爱恨去看你的老师时，你会发现可能你对老师的怨恨只是出于自己那可怜的自尊心，你可能因为老师没有赞赏过你，没有肯定过你，甚至批评过你，而觉得自尊心受到严重伤害，于是对老师产生怨恨。

其实每个老师，也如同你一样，每天都在经历不一样的成长，因为他也处于“三人行”的生活状态中，每个人在与他的交流中都可能对他的心灵和行为产生影响，而这其中很有可能就有你这个憎恨老师的人。他为你不喜欢他而头疼，他为你不理解他而难过。他希望改变旧有习惯来改变与你之间的关系，希望用更好的教学方法能指导你做得更好。但是到目前为止，他还觉得力不从心。不管怎样，他在找寻方法。

之所以这里让你学会尊重老师，是要告诉你：对于你的未来，你有控制权。你有能力控制任何一种关系。哪怕对方是权威，你也能自如地与他交往，并能够最大限度地吸收和利用他所散发出来的能量，为你自己所用。因为将来你走上社会，会面对更多的权威和比你高明的成功者，他们可能比你今天的老师对你的态度更加恶劣，至少你的老师的责任是教导你，而未来的那些高明的成功者，他们可能只是站在你的身边嘲笑你，对着你丢石子。如果你今天连老师的严厉都不能接受，你如何能接受得了社会上那形形色色的人呢？

其实你能够改变老师对你的印象，如果你能够容纳老师对你的否定或者漠视。这非常难，尤其是对于像你这个年纪的孩子来说更是如此。但是一旦你能够包容得了并不喜欢的老师，你会发现你已经拥有了一种能够改变你的老师对你的印象的能力。当你面对老师的严厉批评，并没有表现出反感或者抵抗，而是认真接受，那么你的老师会在潜意识里非常感激你的接纳。说实话，老师也有尊严，你的接纳就是对他最好的回馈，他自然也愿意接纳你这个学生。

如果你能够改变你的老师对你的印象，那么你还有什么不能控制和改变的呢？未来在你面前自然是一片大好。

诚然，并不是每一位老师都能尽如人意，但大多数老师都有高度的责任感，或者因为职业的磨砺而使他们成为一名优秀的指导者。我们应该学会感恩，感恩老师对我们所做的一切。

但一直以来，大多数学生都把老师当成了敌对者，老师是规则的制定者，而青春就应该是用来破坏规则的。很多师生矛盾都是上升到了仇恨这个阶段，关于学生如何恨老师的事情屡见报端：学生自做了一个巫毒娃娃，写上了老师的名字，恨老师的时候就用针扎巫毒娃娃；学生半夜装鬼，吓唬走夜路的老师……这些让人瞠目结舌的报道让老师看了寒心，一些家长看了也觉得慨叹万分，他们不是为了老师可惜，而是为了孩子，何以在这样纯真的年纪变得这样低俗？心胸狭窄到只有仇恨而没有感恩的地步？

亲爱的女孩，大多数老师都抱着一颗敬畏的心看着你在成长。他们就像那种下鲜花的孩童，不停地跑来跑去照料这颗种子。他们掰着手指计算这颗种子的成长。今天，该发芽了，怎么还没有动静？该长茎了，怎么却如此毫无生机？他们焦急，可能就会做出拔苗助长的事情来，但是没有一个孩童不愿意看到自己所种的种子最后开花结果。同样，没有一个老师不愿意自己的学生最后成为栋梁，尽管他们可能会使用一些错误的方法。

不管怎样，爱你的老师吧，他需要你帮助他改变自己的教学方法，而你需要跟着他学会更多的知识。

大多数老师都知道陶行知先生说的这句话：你的教鞭下有瓦特，你的冷眼里有牛顿，你的讥笑中有爱迪生。教师应该都会为学生写好一个“爱”字，而不是一个“恨”字。不信，你可以问问你的老师，他愿意让你恨他吗？

学习，拒绝三分钟热度

杨振宁曾经说过这样一句话：只要持之以恒，知识丰富了，终能发现其奥秘。很多知识，初学来，可能只是模棱两可，或者只知其然不知其所以然，这就需要我们不断深入学习，扩大的视野和知识面会从四面八方多个角度帮助我们理解原来无法解决的难题。知识都是相通的，你在这一学科上学到的知识，会在另一个学科中帮到你。但如果你只有三分钟热度，解决了一个难题之后就松懈下来，那么你就失去了学好的机会。就像本来你在排兵布阵，已经形成了包围之势，可突然宣布撤兵，那你就无功而返，以前的所有努力都会付诸东流。

“《荀子·劝学》说：‘骐骥一跃，不能十步；驽马十驾，功在不舍。冰冻三尺，非一日之寒。’学习也是这样，一定要持之以恒，锲而不舍，即使遇到困难也要努力克服。学习决不能三天打鱼，两天晒网，半途而废，否则就会前功尽弃，得不到一点儿收获。”知道这段话是谁说的吗？是一个一年级的小女生在作文里写的，她可能只是非常喜欢这样的句子，还无法体会其中的深意。你呢？以你现在的年纪应该能体会这样出自一个一年级小学生手笔的人生哲理了吧？

也可能不是如此，毕竟这些话，老师在强调，父母在强调：学习啊，好好学习啊，不能放弃啊，要坚持啊……每天，这些话萦绕在你的耳边，你听得耳朵都磨起了茧子，于是对这些言辞产生了排斥心理，产生了抗体，早就忘了它的意思。

如果你现在能够上网，那么请你打开网络搜索引擎，输入“美国哈佛大学图书馆凌晨4点座无虚席”，那么你就会看到央视《世界著名大学》制片人谢娟曾带摄制组到哈佛大学采访的一篇报道和一张照片。

照片显示：凌晨4点的哈佛大学图书馆里，灯火通明，座无虚席……图片配文这样写道：哈佛是一种象征。人到底有怎样的发挥潜力？人的意志，人的才情，人的理想，为什么在哈佛能兑

现？……哈佛校园里，不见华服，不见化妆，更不见晃里晃荡，只有匆匆的脚步，坚实地写下人生的篇章。**哈佛不是神话，哈佛只是一个证明，人的意志、精神、抱负、理想的证明。**

你有没有受到激励，你有没有感动？哈佛人之所以能够创造出各种举世瞩目的成绩，就是因为他们有一种对于知识的敬仰之心，不用人催促，不用人威逼利诱，他们自觉地寻找那一个个揭开人生之谜的答案，同时也找到自己的未来之路。

你凭什么拥有一个美好的未来？对任何人来说，唯一的资本就是能学习的能力，持续不断地学习。成长是一辈子的事，而为了完成这件事，每个人终其一生都要坚持不懈地去学习，而你目前所学的这一点知识，不过是今后你的人生能用到的知识的九牛一毛。如果你今天连这点知识都不愿意学，那么当你长大成人，面对那接踵而至的难题时，情何以堪？

当然，坚持学习是非常辛苦的，“水滴石穿”需要的可能只是坚持不断，而坚持学习，还需要克服很多的困难。这就需要我们找到学习的乐趣。谢娟曾经说过：“在哈佛采访，感受最深的是，哈佛学生学得太苦了，但是他们明显也是乐在其中。是什么让哈佛的学生能以苦为乐呢？我的体会是，他们对所学领域的强烈兴趣，还有就是哈佛学生心中燃烧的要在未来承担重要责任的使命感。从这些学生身上，你能感到他们生命的能量在这里被激发了出来。”只有你对学习的知识充满信仰或者非常非常感兴趣时，你才能坚持下来。

除此而外，你还要不断用各种方法激励自己，毕竟学习的苦是难以想象的，特别是在学校中。我们面对的大多都不是我们喜欢的课程，而课本的知识又以公式、定义为多，这些知识的枯燥和抽象程度远远超出了我们的想象力，我们使出了浑身解数也无法找到感兴趣的地方，即使好不容易对物理里面的电流产生了兴趣，可接下来遇到合力和加速度又出现了峰回路转，真是难难难，难于上青天。

我们难以虚情假意地对自己说："我喜欢学习。"大多数时候我们只能虚张声势地告诫自己：我有能力学好。但是遇到难题就会败下阵来。那么，我们到底该怎么办呢？

第一，找老师，找同学，找能帮助自己的人。一个人的力量毕竟是有限的，听听别人的思维方式，听听别人对于知识的见解，你很快就会发现一些超越枯燥的课本的一些很灵活的东西，那可能会成为你的兴趣点，也可能帮助你打破固定思维，让你找到一种适合自己的学习方法。

第二，你得给自己一点看得见的进步，使自己爱上学习。我们都有这样的经验，如果某一天老师夸奖我们了，或者某一次考试取得了好的成绩，甚至解一道自以为解不开的难题时忽然豁然开朗，这时候我们的自信就会增加一点，我们对学习的热爱就会增加一分。所以，我们要给自己找一些能够看得见的进步来激励自己。

但这对于一个不喜欢学习的人来说是很难的，很多人就是因为看不到自己的进步，一天天对学习产生了厌倦心理，逐渐荒废了学习。那么怎么办呢？让我们看看陶渊明的解答。

从前，有一乡邻少年问"田园诗人"陶渊明求学之妙法。陶渊明没有正面回答，而是拉着那位少年去观察稻田禾苗的生长情况。

那少年站在田边，瞪着眼睛盯着禾苗目不转睛地看，企图发现玄机，可是他盯得眼睛酸痛得流出了眼泪，只见禾苗依然如故，不见任何变化。

这时，陶渊明才说：“勤学，如春起之苗，不见其增，终日有所长；辍学，如磨刀之石，不见其损，终日有所亏。”

其实即使你目前学习成绩不怎么好，你还是进步着的，只要你还处于学习的状态中。一旦你不再坚持，那么即使你目前还保持着一个很好的名次，你的学习状态也是退步的了。所以我们说你要探寻自己的进步状态，并不是单一地看自己在某一群体中的名次，而要看自己的整体状态，是否还在持续学习，是否在持续学习的状态中保持着自身的进步。

这就告诉我们：我们要坚持勤学，只要勤学不辍，那么我们就有机会进步。我们要让自己在这样的良性状态中，因为勤学而看到了进步，因为自己的进步而使自己爱上学习，又因为热爱学习，勤学做得就更好，进步于是更多。

其实对于女孩来说，勤学容易做到，但是大多数女孩会陷进这样一个怪圈：拼命地学，却还是没有进步，还是被人们称为“笨孩子”，不服输的劲头使自己继续学习，可是接下来又是惨败，此时，精神遭到摧残，认定自己不是学习的料，精神一旦溃败，勤学也就成了过去式。一旦放弃，就更没有机会学好了。

我们已经说过了，女孩子并不比男孩子笨，只是因为学习方法不适合自己。如果你一直学不好，要试着改变方法，一定会柳暗花明，因为一种方法就是一种境界。

总之，女孩天生有“勤学”的精神，这是上帝恩赐给女孩的天赋，一定要珍惜这种天赋，并将它发扬光大。

怎样调整学习中的疲惫

学习累了，怎么坚持？

学习的知识越难，学习的时间越长，你的疲惫程度就会越深，这是无可改变的自然规律，每个人都会遭遇这样的事情。我们必须要学会调节疲惫的方法，张弛有度，才不会让自己的精神崩溃。

首先，我们得知道疲惫的根源。对于处于你这个年纪的孩子来说，学习的强度一般不会很大，你之所以会产生疲惫的心理，大多是因为你的学习方法不对，做了很多无用功。

18世纪，天文学家在火星与木星之间发现了一颗小行星。为搞清它究竟是行星还是彗星，天文学家发出公告，请数学家帮助计算它的运行轨道。

数学泰斗欧拉计算了三天三夜，当数据出现时，他的右眼因劳累过度而失明了。数学家高斯也自愿接受了这个任务。但是他并没有像欧拉那样做一个“愚公”，他在计算之前，先改变了计算方法。

正所谓磨刀不误砍柴工，高斯革新了欧拉的计算方法，引入了一个八次方程后，他仅花1小时就得出了一个结果，而这个结果比欧拉的计算结果更加精确。

1901年1月1日，天文学家循着高斯计算的小行星的运行轨道，终于找到了这颗小行星——谷神星。高斯深有感触地说：“若是我不变换计算方法，我的眼睛也会瞎的。”

同样的道理，如果我们不改善自己的学习方法，在学习过程中会经常因为做无用功而产生更多的疲惫，并影响学习的结果。

当然，改善了学习方法之后，你还是无法应付目前的学习强度，那么你就要学习缓解疲劳的方法：

第一，不要给大脑超过其劳动强度的任务。

大脑集中精力的时间最多只有30分钟，所以学校的课程设置为40～45分钟，之后就应该休息10分钟。上课的时候你需要在老师讲重点知识的时候集中精力，而之后你可以试着舒缓一下大脑，溜一小会儿号不会影响你的学习。下课后要让大脑得到放松，以便为下一节课做准备。10分钟后再回来继续学习，效果会更好。

有的女孩子喜欢在课间打个盹，睡个小觉，这是一个陷阱。睡眠的确是一种有效的休息方式，但它主要对睡眠不足者或体力劳动者适用。对体力劳动者来说，“疲劳”主要是由体内产生大量酸性物质引起，如果十分疲劳，应采取静的休息方式。通过睡觉，可以把失去的能量补充回来，把堆积的废物排除出去。但对于脑力劳动者来说，就像学习，你的疲惫只是由于大脑集中精力时间过长，神经绷得太紧，导致疲劳。这种疲劳睡一觉根本不管用，可能还会因为睡不好胡思乱想而加重负担。这时候，你需要的不是通过“静止”恢复体能，而是要找个事儿把神经放松下来。

第二，补充大脑营养。

大脑像发动机，它需要燃料。大脑是一台珍贵而复杂的机器，所以你必须给它补充“优质燃料”。垃圾食品、劣质食品、所有化学制品和防腐剂，不仅损害身体，还削弱智力。英国一项新研究显示，饮食结构影响你的智商。其中牛奶、鸡蛋和核桃对大脑的营养最高。所以，你学习紧张的时候，可以适当补充一下这些营养。

除此之外，大脑还需要水。就化学性质而言，大脑是一个电气化学活动的海洋。电和化学物质在水里能更好地流动，如果你身体缺水，大脑就无法集中精力。所以，你要经常喝水，保持身体必需的水分，而且一天最好不要饮用相同的饮料，可以交换着喝矿泉水、果汁和咖啡等。

第三，大脑需要激情点燃，需要问题刺激。

有的孩子不是因为学习而疲惫，而是因厌倦而疲惫，这个时候，就需要为大脑点燃激情。如果这个孩子是你，那么你可以考虑用一些使你好奇的问题刺激你的大脑。神经学家研究发现，当大脑接受外面提出的问题信息时会自动开始搜索答案，这样，大脑动起来，学习的效率也就提高了。当然，提出好的问题是关键。

第四，遵循大脑的活动规律而改变学习内容。

大脑在一天中的活动规律如下：

6～8点：机体休息基本结束，并进入兴奋状态，肝脏已将体内的毒素全部排净，头脑清醒，大脑记忆力强，此时进入第一次最佳记忆期。

8～9点：神经兴奋性提高，仍保持最佳记忆状态，心脏开足马力工作，精力充沛。此时思考一些严谨、周密的问题会非常容易。所以你可以安排在这个时间段攻坚难度大的学习内容。当然，如果学校有课程你就没有办法改变。

10～11点：身心处于积极状态，神经兴奋状态将持续到午饭，人体处于第一次最佳状态。

12点：人体的全部精力都已调动起来，全身总动员，但此时身体需补充能量。

13～14点：午饭后，大脑开始困倦，白天第一阶段的兴奋期已过，精力消退，进入24小时周期中的第二低潮阶段，此时反应迟缓，有些疲劳，宜适当休息，最好午睡半到1小时。

15～16点：经过一个良好的小睡之后，身体状况得到改善，感觉器官变得敏感起来，大脑又变得精神抖擞。此时长期记忆效果非常好，可以合理安排一些需“永久记忆”的内容记忆。

17～18点：工作效率更高，体力和耐力达一天中的最高峰时期，试验显示，这段时间是完成复杂计算和比较消耗脑力作业的好时期。

19～20点：体内能量消耗，情绪不稳，应休息。

20～21点：大脑又开始活跃，反应迅速，记忆力特别好，直到临睡前为一天中最佳的记忆时期（也是最高效的）。

22～24点：睡意降临，人体准备休息，细胞修复工作开始。

此外，意大利米兰天主教圣心大学曾经做过一个实验，发现“夜猫子”可能是最具创造性的“思想家”，他们与普通人相比，更有可能打破常规。因此，研究人员得出结论：22点04分左右，是一天当中最具创造力的时刻，而16点33分，大脑的思想最无创新性，创新思维和集思广益的能力会被一种难以言表的困惑所取代。所以，你如果把难题放在16点进行，那么你多半会变得沮丧，让大脑变得疲惫不堪而毫无建树，与其如此，你倒不如背诵一些英语句子，等到大脑创造性细胞开始活跃的时候才让它解答难题。

第五，调节大脑和身体之间的关系。

大脑和身体有它们各自的节奏周期。一天中大脑思维最敏捷的时间有几段，如果你能在大脑功能最活跃的时候学习，就能节省很多时间，会取得很好的学习效果。

其实，大脑和身体经常交流。如果身体很懒散，大脑就会认为你正在做的事情一点都不重要，大脑也就不会重视你所做的事情。我们大概有这样的经验，躺在床上看书的时候，不一会儿就会睡着了，这其实就是大脑对身体发出的信号错误解读的结果。所以，在学习的时候，你应该端坐、身体稍微前倾，让大脑保持警觉。

第六，通过色、味来刺激大脑。

大脑喜欢色彩。平时使用有色笔或使用有色纸，能帮助记忆。这个对女孩子的作用更大，因为女孩子的大脑对于颜色有一种特别的接纳功能。此外，气味也能影响大脑。香料对保持头脑清醒有一定功效。薄荷、柠檬和桂皮都值得一试。

第七，大脑需要空间。

尽量在一个宽敞的地方学习，这对你的大脑有好处。大脑喜欢整洁的空间。最近的研究显示，在一个整洁、有条有理的家庭长大的孩子在学业上的表现更好。为什么？因为接受了安排外部环境的训练后，大脑学会了组织内部知识的技巧，你的记忆力会更好。保持环境整洁这对于女孩子来说太容易不过了，千万不要偷懒，以为随便乱放的环境更适合你放松。

第八，压力影响记忆。

当你受到压力时，体内就会产生皮质醇，它会杀死海马状突起里的脑细胞，而这种大脑侧面脑室壁上的隆起物在处理长期和短期记忆上起主要作用。因此，压力影响记忆。

心理学家发现解除神经紧张的方法是去处理需要神经紧张才能解决的问题。一位精神即将崩溃的总经理找到一位医师给出治疗建议，结果他得到的处方是去动物园当驯狮师。总经理满心疑惑，但还是遵照医嘱办事，让他想不到的是，一个月以后，他完全康复。

所以压力特别大的时候，反而有利于调动大脑的细胞，当然，你不能让你的大脑运动过度，否则可能会适得其反。

其实，真正的放松不过是顺势而为，在合适的时间学习合适的科目，在合适的时间休息，并给予大脑放松的时间，你就会永远保持精力充沛。

如何远离考试焦虑

考试焦虑是很多女孩心里的痛。争强好胜的心理，父母给予的压力，不懂得自己管理情绪，都会让考试焦虑加重。

媛媛一直是初中三年级的“三好学生”，学习成绩也一直没有离开学校大榜的前三名，她就像是一朵含苞待放的鲜花，满怀信心地等待着灿烂绽放的时刻。

然而，初三下学期，媛媛和班主任（数学老师）发生了一次冲突，尽管最后老师对媛媛表示理解，但这之后，她还是变了，变得情绪低落，上数学课和数学考试前都会出现胃疼的毛病。

媛媛开始并没有当回事，但是随着数学成绩开始下降，她的这个毛病开始蔓延，一旦紧张就会出现胃疼、食欲不佳的问题。而这种现象在考试中出现的次数更多。开始，她在考数学的考场

上，会有出冷汗、手脚发抖等生理反应；之后只要是考试，一拿起卷子，媛媛就变得心慌，急忙要把题答完，不会的题始终放不下；对考场的环境变化十分敏感。仅仅两个月的时间，媛媛的学习成绩就急剧下降。

下降的成绩给媛媛的打击特别大，她经常感觉自己进入了昏天黑地的状态，为此，她不止一次跟父母大喊大叫，摔东西，并产生严重的自卑心理，开始怀疑自己的能力。

媛媛的父母就这么一个女儿，爱如掌上明珠，见到女儿如此，急坏了，四处求医问药。看西医，做胃镜检查（未见异常）、打针吃药，效果也不明显；找经验丰富的老中医看，诊断为情绪影响所致，开中药调理，情况没有改观。最后，焦急的父母又找到心理医生去咨询。

心理医生通过和媛媛聊天发现，媛媛患的是考试焦虑症。这除了由于媛媛的母亲经常催逼她之外，还因为媛媛本身过于看重成绩。而她之所以忽然对自己产生不自信，是因为担心数学老师不再喜欢自己，会给自己制造麻烦，这种担心和忧虑不断扩大，最后蔓延到考试中去。

其实，解决媛媛的问题很简单，就是不要让她过于看重成绩。但这几个字做起来却非常不容易，因为媛媛的心理模式已经变成了为考试而活，再加之她父母对她的催逼，无疑是雪上加

霜。要想改善问题，她必须要学会放下。

像媛媛这样的考试焦虑症患者有很多，而其中以女孩为最多，其原因也无外乎过于看重成绩。那么，应该如何调整考前心理状态呢？

第一，客观估计，正确定位。

考试只是检验你学习结果的方法之一，还有很多方法让你能知道自己的学习情况，比如平时的作业情况，课堂上的反应情况。其实，就学习而言，你在考试之前，就应该对自己有一个客观的估计，并要从实际出发，确定适当的考试目标和期望值，给自己一个正确的定位，切忌好高骛远和与人攀比。这并不表示你没有能力考到更好，但是达到更好是需要一个过程的，不要急功近利，企图一口吃成个胖子。

第二，注重过程，淡化结果。

大考时大多数孩子都会有紧张的情绪，这种情绪有利于大脑保持活力。但大多数在小考也紧张兮兮的孩子会在大考时紧张得影响发挥。如果你在平时就这样，那么你就要不断在心里告诉自己：成绩只是一个检验指标而已，平时学得好，那么一次考不好没有关系，以降低平时的考试焦虑。

在临近考试时，你要做到过程和结果的分离，即只要注重平时的复习，努力提高自身知识水平就行了，至于考试结果则不要过多地考虑，不断提醒自己“只要尽力就行了”。这样，当你平时的考试不会出现焦虑，那么你大考的焦虑也就不会很严重。

第三，认真复习，合理安排。

扎实的基础知识是取得好成绩的保证，也就是说，你的平时准备其实比考试更重要。因此，你必须要学会制订一套系统全面的复习计划，科学用脑，合理安排学习时间。在自己相对薄弱的科目上安排时间多一点，在自己强项的功课上可以适当安排时间少一点。经过这样的准备之后，你就会有足够的信心面对你的考试。

第四，考前要休息好。

无论是平时的考试还是大考，考前休息好对于考试结果都很重要。那些习惯于开夜车的孩子，应从考前一周开始，将晚上睡眠和早晨起床时间慢慢调整到正常状态，或者调整到使大脑的兴奋点与高考时间同步，即在9~12时、15~17时达到最佳的情绪状态。

第五，优化情绪，增强自信。

女孩子的不良情绪会多于男孩子，这就需要你学会优化情绪，增强信心。考前，你可能会遇到来自父母、老师、同学等各方面的压力和各种各样的挫折，情绪出现波动是正常的，但你要有意识地加以控制，并及时调整，尽量使自己处于心平气和、情绪饱满的状态。

你可以这样做：通过积极的自我想象，体验过去的成功经验，以唤起自己的良好情绪。心理学上认为：良好的心理暗示有助于提高能力，即你经常告诉自己你在某方面表现很棒，那么你自然而然在那个方面会有很好的表现。每天默念几遍“我一定能考好”“我一定能成功”等具有积极自我暗示作用的话语，来增强自信心。

同时，你要学会放松，在出现紧张情绪时，采取深呼吸的方法慢慢呼气、吸气，同时放松全身肌肉。持续做3~5分钟的练习，也能缓解紧张情绪。

除此而外，考前的最后时刻不要再做难题，做难题有时会挫伤自己的自信心，不利于保持良好的情绪。尤其是在大考前，更要保持良好的精神状态。

第六，做好准备，从容上场。

这个是必然，考生考前没有准备好考试所需的文具、证件，上考场的时候必然因为焦虑而影响考试发挥。所以，当你参加大考

时，在考试前几天就要准备好所有的用具，在考试的前一天晚上，还要认真检查一遍。另外，还要根据天气情况，准备好伞和雨具等。在考试前一天到考场了解一下情况，熟悉熟悉环境，并对从住处到考场的行车线路和所需时间做些调查，做到心中有数。

当然，上面提到的几点对于一个轻微的考试焦虑症患者来说都是比较容易做到的，但是对于产生严重焦虑症的孩子来说，已经不再有效，这时候你需要通过心理医生来帮助自己调整心理状态，让自己慢慢恢复到正常的心理模式中。

不过，如果你一直是一个能保持轻松、自信的女孩子，那么世界对于你来说就没有难题，所以最关键的还是培养自己的信心，学会放松自己。

在平时就必须加强心理素质训练的方法：

◎一个人的心理素质如何与他的品格修养关系极为密切，坦然地面对生活，把崇高的追求与平凡的生活态度结合起来，这是获得良好的心理素质的根本。

◎在学习和生活中，有意识地向自己的弱点和极限挑战，不断地尝试超越自我，经常保持旺盛的斗志，将使自己充满信心，不惧怕任何困难。

◎最后要强调的一点，就是在整个复习的过程中，要克服两种倾向：一方面不能操之过急，总是觉得考试就要临近，看书过于马虎，不注重细节；另一方面也不应该抱着无所谓的态度去碰运气，须知没有平日的刻苦积累，就不会有考试的好成绩，这是千真万确的。

长大总会有些小情绪

当你站在悲伤之林，不知走向何方，你忧伤得难以自拔。别难过，要知道，我，我们，他们，都曾经站在你现在所在的位置，惆怅迷茫，烦恼丛生，情绪低落，可如今，我们、他们已经走上了一个新的方向。那么，现在的你，也会走出这片悲伤之林，踏上你的快乐之旅，找到自己的未来之路。长大总会有些小情绪，只要你学会情绪管理，这所有的好的、坏的情绪，都不过是你人生中的一个个看点。

微笑的女孩最有魅力

蒙娜丽莎的微笑是世界上最美又最神秘的微笑，虽历经时间的洗礼，但对现代人的吸引力却丝毫未减。

微笑是世界上最美的风景。当你面对一个灿烂的微笑时，你会瞬间忘记所有的忧伤。但如果你心情本来愉悦、幸福，忽然看到一张沮丧而充满不耐烦的脸，那么你立刻就感觉很受伤。

对于女孩子来说，微笑就是最具魅力的体现。微笑，似蓓蕾初绽，正如这些词描述的那样——笑靥如花、巧笑嫣然、一笑倾城、回头一笑百媚生……

其实不光是美，微笑还传达出更多的积极含义：真诚和善良的微笑，具备感人肺腑的芳香；坚强自信的微笑，给人以震撼，让人心生敬佩之心；喜悦娇羞的微笑，会感染每个人，吸引每个人的目光……

微笑的风采，包含着丰富的内涵。它是一种激发想象和启迪智慧的力量。在顺境中，微笑是对成功的嘉奖；在逆境中，微笑是对创伤的理疗。

微笑不用投入，无须成本，没有价码，更不是商品，你买不到它，也丢不了它。微笑不用费神、不用耗力，时间短暂，却使人回味悠长。表情虽只是浅浅一笑，但说明深刻，传达的信息也很奇妙。

总之，微笑不光是你自己心情的一种写照，还是能给予别人、帮助别人的心灵语言，是人们感情上的美好传输，更是人与人之间的心领神会、互动感应。

由于太喜欢绘画，小敏自愿放弃了前景看好的经济管理系，转而进入一家美院学习。但结果正如父母谆谆告诫的那样：学绘画，你很难找到好一点的工作。而专心绘画，得到认可的概率太低，你的人生会有很长一段时间被人否定。

但小敏是一个刻苦而勤奋的孩子，所以，她不计薪酬地做了一个图书馆的职员，一边打工，一边继续练习画画技巧，培植她的梦想。小敏在工作时非常认真负责，她始终微笑着面对每一个来借书还书的人，尽管她从来没有接受过这方面的培训。很快，小敏的名字就被人们传开了，不过人们给她的称谓是“微笑天使”。

一天，一位四十多岁的男士来还书。小敏看了一眼书的封面，便被深深地吸引住了。封面画虽然描绘的是一个童话故事，但却深具美感，是那种纯粹的没有一丝杂念的美。小敏心说：一定要找个机会借这本书看看。

这时候，那个男士说话了："我听说你是'微笑天使'，可你的微笑似乎不是给我的，而是给这本书的。"小敏连忙解释说："我是觉得这本书的封面太美了，所以对你失礼了，请见谅。"

那个男士感到颇为吃惊，他上下打量了一下小敏，说："看来，你还很懂绘画？"小敏有些害羞，连忙说："我是美院毕业的，目前仍在画画的初级阶段，我只是因为太喜欢绘画才对一切美的东西有点贪婪。"男士没有再说话，点点头，转身向外走去。小敏又开始忙碌起来。

快要下班的时候，那位男士又回来了，他站在吃惊的小敏面前，问她："你是否会画儿童插图？"小敏迟疑地回答着："我很有兴趣，但现在还在学习中。""嗯……是吗？那你可以找个时间跟我联络，我想看看你的作品。"说完又转身走了，就像他忽然降临图书馆一样让小敏感觉吃惊。

小敏拿起那位男士留下的名片一看，吓了一跳，他竟然是一家以出版画册闻名的出版社的社长。

后来嘛，小敏当然和这位社长进行了联络，并很快成为一名插画作者。如今，小敏已经在这家出版社工作了几个月。据她的社长说："小敏是一个很有潜力的孩子。"相信不久的未来，你们都会听到她的大名。

"微笑天使"吸引人。一个优秀的女孩，会有一种看不见的气场，使站在她身边的每一个人都受到她的吸引，小敏就是这样一个人，而她的微笑就是形成她的庞大气场的因素之一。

我们经常会说某个人“身上透着一股劲儿”“她虽不美却很有气质”，其实“这股劲儿”“气质”就是一种气场。对于大多数孩子来说，气场多是天真烂漫的，但又是没有目的的、茫然的。如果你要想营造一种好的气场，能显得有气质而且有吸引力，那么你就要不断磨炼各种内涵。其中微笑则是介于内涵和外形之间的最好桥梁。一个经常微笑的女人，即使她开始只是强迫自己、职业性地去微笑，但是久而久之，她还是会形成一种美好的气场，让人愿意与她亲近。

微笑，其实是对生活的一种态度，是一种智慧的象征。这话一点不为过。当你习惯了微笑，那么你就学会了一种冷静而乐观的思维习惯，你的大脑在你的这种积极心理的暗示下会给你营造一种“一切皆有可能”的激情，让你有奋斗的动力，有面对困难的勇气。大脑的这种动向会帮你形成一种正向的循环，逐步推动你走向美好而顺畅的人生。

人生当然是充满坎坷的，但是为什么有的人面对天塌下来的苦难，都能够挥挥手，不带给心一丝伤感，而有的人在面对一点点微风式的小的动荡，就感觉难以承受？就是因为他们的大脑没有形成这样的正向循环机制，他们的心里没有做好准备。

怎么样，现在你该明白微笑所能给予你的丰富内涵了吧？那可不是嘴角向上做弧度超过15°的动作那么简单。

总之，微笑吧，好女孩，它会给你带来好运的。

好女孩懂得远离烦恼

席勒曾经说过：烦恼忧虑像一把摇椅，它可以使你有事可做，但却不会使你前进一步。没有烦恼的人生不是真正的人生，就连傻子还会为害怕没有饭吃而烦恼，何况正处于豆蔻年华的少女呢？

青春虽然美好，但却是一个多事之秋。说着说着，痛苦就来了，为过去的错误感到惭愧，为未来的生活感到迷茫，为现在的状态不知所措。除了时间上的悲愁，还有空间上的烦闷。家里，受到父母的“压迫”——虽然知道他们爱自己可还是忍不住用“压迫”这个词；学校，老师似乎并不善解人意，同学也是各怀心事。啊，啊，啊，烦死了，讨厌死了，郁闷死了，这个世界到底怎么了？到底哪里出了问题？

你有没有这样的心境？

告诉你，其实大多数女孩在这个年龄都会有这样乱七八糟的烦恼，因为我们是在成长，我们是在认识世界，认识自我。我们必须学会情绪管理，因为如果你不控制它，那么你的大脑就会被它控制，从而形成负向循环：遇到不顺心的事情烦恼——认为自己是倒霉的人——倒霉的人形成负向思维——继续遇到倒霉的事情……

富兰克林说：烦恼是心智的沉溺。其实就你的年纪来说，人生真正的烦恼大多数还没有光临。如果连现在的一点烦恼都治愈不了，那么你将来的情况可想而知。而且，烦恼对一个人的伤害不光是心智上的，还有容貌。一个不能战胜烦恼的人会比其他人老得快，在别人还贪婪地享受着青春少年的美好时光的时候，他们的心已经进入了苍老之年，而且这样的苍老之心很快就会体现在容貌上，让人们看到一个“二十几岁的年纪拥有六十几岁容貌”的非时光雕刻成果。

既然烦恼如此令人讨厌，我们的确不应该与它亲近。可是到底怎么来处理烦恼呢？为了解决这个问题，我们首先得知道什么是烦恼，出现什么情况人就有了烦恼。从精神病理学上讲，烦恼是一开始并不太困难就忍受下来却一直拖延着的挫折感和轻微心理冲突的产物。

烦恼通常会有以下几个特点：

出现了令人烦恼的事情，比如上学途中摔了一跤，腿被摔坏了；烦恼总是包含着不少想象：因为腿被摔坏了，觉得自己的形象不美了；想象中的事情不是真实的，但是烦恼中的想象却是世界上最真实的事情之一：虽然别人可能并不觉得你因为腿被摔坏了就不美了，可是你自己觉得你的确不美了，即使有人劝你，并拿各种证据告诉你说你依然是美丽的，你还是不会相信；烦恼还总是包含着理性的推断，叫人不能不信：你之所以不信，是因为你有理性依据，因为腿疼而走路变形，不能再保持优雅的形象；智力就是烦恼的能力，因为白痴没有烦恼：本来你很聪明，但是你的聪明都用在了无用的烦恼上；烦恼使人的注意力专注于一点，一旦被烦恼缠上了，就很难脱身，明知道进了死胡同，还得一个劲往前走，碰壁了也不回头，虽然你也知道即使走路有点跛没有关系，过几天就会好的，可是你的心里还是会因为摔跤有些阴影。

如果用佛教的说法，烦恼起源于心念。因为你心生“杂”念，想象一些超出现实的事情，并不断为这些想象找到充足的证据，于是你的烦恼诞生并顽强地成长，就像是一棵生命力极强的杂草，占据你的内心世界，掠夺你的心灵之花生存土壤中的养料。

叔本华说：“把人引向艺术和科学最强烈的原因之一，是逃避日常生活中令人厌恶的粗俗和使人绝望的苦闷。”心理学界给烦恼的公式，和叔本华的意思差不多：W=D/B。其中，W表示烦恼，D表示欲望，B表示实现欲望的有效行为。而这也恰恰印证了佛教的说法：烦恼由心生。无论你遇到多么“倒霉”的事，只要接纳它，以平静的方式解决它，那么烦恼就不会萦绕着你。可如果你的想象力过于丰富，即使你没有遇到“倒霉”的事，你也会觉得不顺心。为什么我长得不如邻居那个女孩漂亮？为什么我的成绩不如邻座的男生好？为什么我不如班里的班花受欢迎？为什么我就不能成为班长？

其实，烦恼就是你看不开，不能学会放下。即使倒霉的事情发生了又怎样呢？如果你不去着手解决问题，而是停留在烦恼上，大脑一遍遍播放“烦恼”的哀歌，那么你势必要被倒霉的事情绊倒。如果没有什么不好的事情发生，只不过你自己庸人自扰，杞人忧天，乃至担心世界末日等，烦恼了半天，却什么事也没发生，这就更加不可饶恕。

小事看不开，钻牛角尖，自然“烦恼绵绵无绝期”。因此，凡事多往正面看，能够看得开、看得透，能对一切吉凶抱着超然洒脱的态度，就不会自寻烦恼。

当然，就任何一个短的时间而言，烦恼并不构成什么精神疾苦。正因为如此，烦恼在下述任何一种情况下就隐退了：

体育活动相当剧烈时，如体育锻炼、体育劳动，所以一些人因为烦恼来了，就会出去疯跑一圈，然后回来继续平静地做事；

强烈情感体验时，不论是喜是悲，也不论是怒是惧，只要足够强烈，烦恼就烟消云散，比如，大哭一场，有时候能帮助你解决烦恼的问题；

生理困乏时，比如饥饿、寒冷、困倦等，所以如果你的烦恼实在难以解决，不妨饿自己几天，让自己冷静一下，生活在这么好的年代还居然身在福中不知福；

聚精会神地做自己喜欢的事情，当你投入到你特别喜欢做的事情中的时候，你的烦恼立刻就会烟消云散；

当一个人寂寞或伤心时往往也会烦恼，可以找些倾诉对象，说出你心中的烦恼，它也就不会再留存在你的心中折磨你了。

人的一生不可能一帆风顺，总会有这样那样的事，彼此交织在一起，产生各种情绪，互相转换的过程中就产生了我们所说的烦恼。烦恼是我们必经的一个过程。它在锻炼着我们的心智，如果人离开了烦恼，相信人们就没有了上进心，就没有了在这个世界生存下去的动力。

消除烦恼的方法：

◎找出可能发生的最坏情况是什么。

◎让自己能够接受这个最坏情况。

◎有了能够接受最坏的情况的思想准备后，就平静地把时间和精力用来试着改善那种最坏的情况。

不做那还泪的“黛玉”

潇湘妃，
枉凝眉，
三生石畔还他一生泪。
为谁哭，
为谁悲，
葬花美人心比落花碎。

李清照的“凄凄惨惨戚戚”在林黛玉那里得到了最完美的体验。黛玉的一生虽然短暂，却有着绵延不绝的愁苦，当然，还有止不住的眼泪。当然，黛玉的抑郁和忧伤是有原因的。

但是生活中，我们有很多女孩，却不自觉地要把自己打扮成一个绛珠仙草的模样，常常“梨花带雨”，日日“蹙眉苦愁”，誓把“愁”字表达得淋漓尽致。

大多数青春年少的小女孩，她的愁苦只是做给别人看的，正所谓“少年不识愁滋味，为赋新词强说愁”。但这种“愁情烦绪”不被遏制的话，如果蔓延开去，就会染上心理疾病。就像那些遇到了无法排解的忧伤的孩子一样，成为忧郁症患者。

沈春竹在升入初二时，以优异成绩分到重点班。进重点班后，她忽然发现周围都是高手，自己的优势一点都无法凸现出来，她开始出现心情压抑的状态。再加上进入青春期，她有一种莫名的忧伤，淡淡的，带点撩拨意味的，却也是恼人的忧伤。她经常会一个人躲在校园操场的一角，看着墙边的一棵树悄悄落泪，然后又悲壮地擦掉眼泪，满脸忧伤地走进班级学习。

期中考试的时候，沈春竹彻底地郁闷了，她的学习成绩下降了十个名次，这对于她来说是无法想象的。之后，她又出现了学习焦虑，每次走进班级，整个人的皮肤都会收缩，仿佛有什么东西会突然朝着她袭来一样。

一回到家中，沈春竹就对着妈妈哭闹，说再也“不想上学”了，妈妈试着哄劝，但在妈妈身边时，沈春竹感觉会很好，一旦要开始上学，她就变得忧虑起来。

之后，沈春竹又出现了更严重的症状：头疼、失眠、胸闷、厌食、腹泻……经常需要请假，请完假的一刻会感觉轻松很多，可是离开学校之后，又会怅然若失。待在家里的日子，每天以泪洗面。妈妈气得大骂她：“我还没死，你怎么就天天哭也哭不完。你咋就有那么多的伤心事？”

沈春竹觉得理亏，可就是止不住眼泪，在妈妈面前不能哭，她就一个人躲在屋里哭。在妈妈面前故意表现出轻松的样子。可是她毕竟还是无法控制自己的情绪，经常没来由地突然尖叫起来，要么就是长时间呆坐，拿着利器划自己的手背。喜怒无常，不知什么时候就发脾气。对任何事物都无兴趣，情绪非常低落。

像沈春竹这样的状态就已经进入了忧郁症的领域，必须要接受一定的心理治疗了。

出现忧郁症的原因有很多，有的可能是因为父母溺爱，包办一切，不让孩子接受任何难题，一旦遭遇挫折孩子就会感觉自己被命运丢弃了，忧伤而成疾；有的可能是父母生活负担重，心情不好，把气撒在孩子身上，孩子经常遭遇冷落或者责骂，造成心理创伤，忧伤成疾；还有的可能就是思虑过多，忧伤成疾……

不管怎样，对于青少年来说，当你处于一种持续的以情绪低落为主要表现的心理状态时，你就已经处于一种病态了。但是大多数人都会忽视这一点，因为他们认为：女孩子为落花流泪，为流水而伤情，这是很正常的情绪反应。一旦女孩子的忧伤情绪被忽视，那么就可能会使问题严重，影响到孩子的整个身心发育。所以，不要不把忧伤当成疾病。

忧伤就文学色彩来说是有一点点悲剧的美感的，但是就心理学来说却是一种自我残害，就生理学来说，忧伤的不仅是表情，还是五脏六腑。所以，没事别让自己浸泡在忧伤之中，尤其是青春期时，更需要谨慎对待忧伤。

当然，正常人也有抑郁的时候，应该说这是一种正常的情绪反应。在甜美的少年时光，有一种淡淡的忧伤陪伴，对于女孩子来说，颇有一种情调。就像一些带有淡淡忧伤的歌曲，总能让这少年的情怀有一种悸动，其实彼时的忧伤，还是有一种快乐的意味，因为你在恣意地寻找探访一种可能的生活状态，一种臻于艺术境界的哀愁，颇有一种“从明天开始做一个幸福的人……面朝大海，春暖花开”的感觉。

那么，如何来区分正常的忧郁和病态的忧郁呢？如果抑郁虽有原因但却不能自控地持续较长一段时间，在情绪上沮丧、忧郁；在认知上自责、自罚，缺乏信心，绝望无助；在行为上倦怠、少动，对什么事都缺乏兴趣，只是沉默呆想，此时，忧郁就属于心理问题了，需要接受心理医生的救治。

而且，过度的焦虑会使体内产生肾上腺素，也会造成人生理上的变化，影响我们的身体与大脑的活动。在抑郁状态下，大脑活动出现变化是显而易见的。事实上，任何心理状态，如快乐、性兴奋、激动、焦虑或者抑郁都与脑生理变化有密切的联系。最近有研究表明，上述心理状态中有些与应激激素的分泌有关，这表明抑郁反应包含了应激活动的成分。抑郁还会影响被称为神经递质的大脑化学物质的分泌，其中研究最多的是单胺类神经递质的分泌活动。一般来讲，在抑郁状态下，大脑中这些化学物质的分泌水平下降，这也是服用单胺类药物能缓解抑郁症状的原因。

所以，没事千万别忧郁着玩，以免玩火自焚。

除此而外，你还要帮助自己形成一种强大的心理防御机制，能在遭遇外界的变故的时候，在现实的挫折打破了原来的心理平衡时，能够积极找寻方法来使自己的内心重新进入心理平衡的状态。

那么怎样才能形成这样心理防御机制呢？这需要很多方面的功课，比如，你得锻炼自己的抵抗挫折的能力，但是最主要的，你得形成一种正向的大脑思维模式，就像我们前面一直强调的，无论外界发生了什么，你应该做到岿然不动，这样你才能具有强大的心理防御机制。

总之，能让你看起来有点酷的忧伤可以有，但不宜太多，你要懂得浅尝辄止，对于一个少女来说，最大的魅力还是快乐。与其忧伤地活，不如快乐地过。

愤怒会让你成为“魔女”

大多数女孩子都会克制自己的愤怒情绪，因为发怒的脸看起来一点美感都没有。可是事实是，我们总会遇到一些让自己一下子无法克制自己的情况。比如，你排在长长的队伍后面准备买一张某歌星的票，可是就要到门口的时候，忽然有人加塞，你会感到怒不可遏，好不容易才忍下这口恶气之后，你突然被告知：票已经告罄，那时候，你内心的火焰绝对会让你发狂。

但是，愤怒真不是一件好事，尽管我们有充足的理由愤怒。据心理学家研究发现，在愤怒情绪的调动下，人体会进入一种战争状态。肾上腺分泌出皮质醇（氢化可的松）、肾上腺素和其他紧张型荷尔蒙。同时心速加快，血压上升，呼吸短促而浅。肌肉也会变得紧张，大脑处于高度警觉状态，甚至是战斗状态。此时，心脏输入四肢的血量增多，消化和免疫系统几乎完全关闭。

这种生理上的战备状态对身体造成无法估量的损害，从中医学上说，人的每一种病症都和平时的不良情绪有关，而愤怒扮演恶魔的角色会比其他情绪更多一些。愤怒会让你变成一个让你自己都不认识的恶魔，就像你在很多漫画中或者科幻剧中看到的那样：瞬间，你那天使的脸庞被罩上了恶魔的面具，你的行为不再如你以前一样的温柔而具有善意，而是“磨刀霍霍、犬牙森森”……这可不是女孩应该有的形象。

愤怒会让你失去理智，进而做出一些让你后悔莫及的错事。

1965年9月7日，世界台球冠军争夺赛在美国纽约举行。刘易斯·福克斯的得分一路遥遥领先，只要再得几分便可稳拿冠军了。

就在这关键性的时刻，有一只讨厌的苍蝇落在了主球上，刘易斯挥手将苍蝇赶走了。可是，当他俯身击球的时候，那只苍蝇又飞回到主球上来了，就像故意和刘易斯作对一样。观众席里响起了一片笑声。刘易斯皱了皱眉头，再一次起身驱赶这只恼人的苍蝇。可是这真是一只不知死活的苍蝇，刘易斯一俯身要击球，苍蝇就又飞回到主球上来，引得周围的观众哈哈大笑。

这戏剧性的一幕本来可以作为放松的时刻，但是刘易斯的情绪却恶劣到了极点，他变得焦躁而不能自制。当那只苍蝇又一次落在主球上时，刘易斯再也忍不住了，他愤怒地用球杆去击打苍蝇，球杆碰动了主球。裁判判他击球，他因此失去了一轮机会。

刘易斯因此变故而方寸大乱，在接下来的比赛中连连失利，而他的对手约翰·迪瑞则愈战愈勇，在苍蝇大战刘易斯一幕轻喜剧之后，激情高涨，很快就赶上并超过了刘易斯，并最后夺走了桂冠。

这还不是最可悲的，可悲的是，第二天早上，人们在河里发现了刘易斯·福克斯的尸体，他投河自杀了！

一只小苍蝇引发的命案！可悲可叹，却最是可怜！

由此可见，我们真的应该学会消除愤怒这种不良情绪的方法。

一个人要想做自己真正的主人，就要懂得克制自己，就要懂得“三思而后行”，避免自己在情绪的牵引下盲目地采取错误的行动。

你要认识自己发怒的原因。你是不是因为同学总是对你的体重或发型冷嘲热讽而气恼不已？是不是因为每次老师理所当然地要求你帮他做事情而感到怒不可遏？很多事情你无法避免，很多人你还没有能力应付，那么你就要改变自己，在这些惯常发生的事情中找到解决的方法，要预先想好发生这种情况时消除怒气的方法。

除了这些惯常发生的事情，我们还经常遇到一些突发的事情让我们勃然大怒，不管是什么样的事情，要想克制愤怒，首先要正视症结。《生活的技能》一书的作者之一弗吉尼亚·威廉姆斯说：“关键在于，不要总是说‘我气坏了’却无所作为。你需要确定自己生气的原因，然后向前去。”

找到你愤怒的原因，你就可以通过解决使你愤怒的根源而抹掉你的愤怒。比如，你因为妈妈没有遵守带你去旅游的承诺而发怒，如果告诉妈妈，让妈妈完成她的诺言，那么你的怒火就会自然消散。

当你的怒火来临时，要不断告诉自己：发怒是用别人的错误来惩罚自己。赫尔明指出：“许多怒火中烧的人不分青红皂白责备任何人和事：什么车子发动不了啦；孩子还嘴啦；别的司机抢了道啦之类。使怒气徘徊不去的是你自己的消极思维方式。”但事实是，只要你总是想着那辆破车、不听话的孩子或那个傻瓜司机，你的怒火就永远不会平息。“然而，一旦你意识到愤怒的情绪是源于自己考虑事情的方式，你就能负起控制情绪的责任。”也就是说，当你为撬不动地球而生气的时候是愚蠢的，因为没有人能够撬动得了地球，但是如果你为撬不动自己的心绪而难过，那么你就有机会改变，因为这代表着你已经把目光从外界转到了自己身上。而愤怒的根源和烦恼一样，皆由心生。引起愤怒的事情是别人的，可是愤怒却实实在在是你自己的。

当然，这并不表示你必须时时刻刻压抑自己的愤怒，不让爆发。据匹兹堡大学在10年内对200个女性做研究并分析40岁年龄段女性的个性测试结果，来和绝经后她们颈动脉的粗细进行对照（颈动脉过粗标志着动脉硬化，能增加心脏病发作和中风的危险性），发现隐忍强压怒火而心存不满的女性的动脉要更粗。也就是说，强压怒火和不加控制地发泄怒火一样，是一种伤害。按照大众心理学的观点，愤怒就像是压力锅中的蒸汽，不发散出来就会不停郁积，直至爆炸。这是不是告诉我们：得给自己发泄怒火的机会？

这不是和前面说的矛盾吗？我们的机体需要发泄怒火，可是发泄怒火又让我们犯错误而受到更大的伤害，我们到底该怎么办呢？爱荷华州立大学的心理学教授布什曼指出："发泄怒火的想法是人们发怒的理由。但是这种发泄无济于事。事实上，人们不会因此平静下来，而会表现得更加暴烈。"

布什曼曾经做过一组实验，他把被激怒的志愿参与者分为两组：一组克制怒火，另一组击沙袋。结果发现，击沙袋的那一组的攻击性增加了一倍。布什曼由此而得出结论说："想要通过击沙袋或者砸枕头来息怒无异于火上浇油。发泄情绪时，人们应对烦恼的反应不是解决症结，而是通过踢打和尖叫。幸好解决愤怒的办法有很多种。最可取的是降温法。"

除此而外，你还可以做呼吸疗法来治疗你的愤怒情绪：

深吸一口气，再深呼一口气，告诉自己："世界如此美好，我却如此暴躁，不好，不好，微笑。"

当然，你的工夫应该更多地用在平时，你在平时就要锻炼自己

心平气和的耐性，不断维护正向的那个思维模式，让自己看到事情好的一面，这样你产生怒火的机会就会少，你也就不会费尽心机地去压制怒火了。

总之，再大的世界也能被有容之心所包容，敞开你的胸怀，宽容地看待世界的一切，包容地对待自己周围的人和事，那么你很快就会成为这样一个沉静的美人：泰山崩于前而不惊，无故加之而不怒。

调节愤怒的小方法：

◎调动理智控制自己的情绪，使自己冷静下来。

◎用暗示、转移注意法。

◎在冷静下来后，思考有没有更好的解决方法。

◎平时可进行一些有针对性的训练，培养自己的耐性。

藏也藏不住的玫瑰心事，如何是好

青春期的蜕变是残酷的，带着浓烈的酸甜苦辣咸，让你在某个旋涡中回转、回转……仿佛没有尽头。

进入青春期，女孩子陷入情感旋涡之中并不少见，似乎一夜之间，就对一位男孩产生喜欢、倾慕甚至依恋的情感。于是变得心烦意乱，魂不守舍。为了躲避老师和家长“不要早恋”的狂轰滥炸，为了躲避同学们那无情讥讽的刀光剑影，有了玫瑰心事的女孩会蜷起自己，隐藏，隐藏，再隐藏，小心翼翼地不让那粉红色的苗头倾斜到脸上。可这玫瑰心事偏偏是这样一件可怕的东西，心动则眼角眉梢都在动。

你的牵挂和单相思在眼角边若隐若现，仿佛你的整个人都成了它的衬托，于是，你的麻烦也就不请自来。女孩子一方面感觉到压力重重，但另一方面情感的涟漪却无法平息，真是苦不堪言啊。

小丫不是学校里最美的，但她的那一头秀发绝对是全校最飘逸的，当她从你身边走过时，你可以闻到一股幽幽的花香——那是她头发的香气。她还有一个很淑女的爱好，就是喜欢收集各式各样的小饰物，小巧可爱的、精美别致的她都喜欢。因此，她给同学的印象就是文静的淑女。

小丫的气质吸引了不少男孩子的目光，小丫对此并不在意，她的眼里只有昊——一个胖胖的普通男孩。

小丫有个闺密叫二美，两人因为迟到一起被罚站而结成同盟军，并自此成为互通心事的好友。

那天，二美因月考非常糟糕刚被英语老师叫去受训。小丫成绩很好，看到二美跟在英语老师屁股后面走时那痛苦的神情，暗下决心，不但要安慰她，还要帮助她补习功课。

可是，小丫等在教室外面，却远远看到二美和昊一起有说有笑地走过来，完全没有受训的愁闷。莫名其妙的小丫就感到怒火中烧，她恨恨地低声说：“考成那样都不知道愁，不可救药。”

这话恰好被二美听见了，她的脸立刻就僵住了。

放学后，二美没有等小丫，独自一人走了，这让小丫意识到自己一时冲动犯下的错误，她非常后悔，于是来到二美家里道歉。二美看到赶上门来的小丫，不禁莞尔一笑，两人冰释前嫌。

小丫帮助二美补习完功课，两人就躺在床上聊天。小丫要把灯关掉，看看自然洒在床上的月光，二美也喜欢看那“床前明月光”，两人一拍即合。今天的月色虽然不足，窗前也没有那跳动的月光，但是却让两人同时变得忧伤而感慨。她们谁也没有说话，任凭这寂静湮没过自己。

过了好一会儿，小丫忽然没头没脑地说：“二美，对不起，我的相思豆发芽了！”二美一时没有明白过来这句话什么意思，愣愣地瞪着小丫。小丫苦笑了一下，那种笑容让二美看了觉得好心酸。二美忽然明白了小丫的意思，她连忙摇头，说：“不行，不行。”但她随后意识到不能这样做，于是她翻身一把搂住小丫，说道：“有什么苦恼，跟我这个朋友说吧！我还可以借你肩膀靠一靠！”

小丫忽然眼里盈满了泪水，好久，她才翕动着鼻子说：“二美，恐怕这次你是没法解决我的问题！今天，今天……”

“今天怎么了？课堂上也没有出现什么问题啊！”

“不是，是……”

“到底是什么？”

“我之所以那样说你，是因为我看见你和昊有说有笑，我有些心神不宁！”

“什么？”

二美简直不相信自己的耳朵，这算什么？小丫并不回答，她微锁着眉头，眸子里满是焦虑，二美再也忍不住了，她一直不愿意相信的谣言在一刻间竟然被自己的好朋友用表情验证了。二美劈头盖脸地问这个躺在身边的好朋友：“你真的喜欢昊，哦，天啊，为什么？你为什么要有这种想法？你知不知道我们现在学习最重要？”

小丫何尝不知道呢？否则，她为什么会如此忧心烦恼呢？可是这样的话怎么跟二美说呢，看着她不谙世事的样子，即使说了她也很难理解。小丫有一种被所有人排斥的感觉。她不禁抱着二美大哭起来：“怎么办啊？我不可救药了吗？”

二美沉默了！说实话，她不懂小丫的这种情绪，也不知道该怎么样帮助她。对于她来说，那种愁情烦绪就是一种洪水猛兽。

早在几年前，父母就在自己的耳边发出了警告：“不要接近男孩子，不要像个疯丫头。”所以，她一直能控制自己与男生之间的关系，可是听到小丫的这种状态，她反而觉得自己的这种强烈压制显得更没有理性。

到底该怎么办？到底该怎么办？谁知道呢？没有人告诉她们！

我们前面在谈到青春期时用过这样一个词：多事之秋。在青春期这个阶段，由于生理、心理发展不平衡，特别是性心理产生和发展，会给青少年带来无尽的烦恼和困惑。几乎没有人能躲过这样的烦恼和困惑，而女生由于社会给女性角色的压抑，烦恼和困惑会更多一些。但是我们没有必要把这当成洪水猛兽一样，谈“玫瑰心事”而色变。我们有必要了解一下青春期的性心理的产生及其发展。

一般来说，青春期性心理的产生及其发展受两方面因素影响。第一是指性发育自然本能强有力地影响着人的心理内容，促使性心理的萌发和发展，并随之产生一些特殊心理体验。比如，会偷偷地恋上某个男生，就像故事中的小丫一样；第二是指两性间的情感丰富而充实，它既是生活的一部分，又受社会因素的影响。由于受学校规定和家长的制约，所有的孩子都必须要假定男生女生之间的交往是由最纯真的友情牵引。但其实学校的这种压抑会让青少年产生更多的困惑，尤其是当老师或者家长用非常贬斥的情绪或者用词来形容“早恋”时，孩子们对于青春期萌动的心理就会有更多的惶惑和不安。

其实，谁没有玫瑰心事呢？很多名人大家在成名之后描述自己的青春期时都这样说过：一瞬间被某个异性灵魂击中，不知所以。所以，如果你真的喜欢上某个男孩，那真的不是你的错，但是正确引导这种情绪（它还不能被称之为感情，因为它还过于稚嫩）则是你必要的人生任务。毕竟，你不能因为一种悸动的情绪而毁掉自己的一生，就像你不能因为一个霹雳似的怒火而毁掉一生一样。

青春期的懵懂只是一种生理反应，它因为没有理智而有一些朦胧的美感，但却也会因为缺乏理智而制造一场悲剧。

其实女孩子并非不想控制，但由于心理发育并不完善，相对较弱的自我控制能力使她们即使是在上课的时候，也可能让思绪如脱缰的野马一般随意奔驰。女孩子的羞涩使她们不知道如何去面对自己的感情，她们不想沉迷，可却没有办法摆脱。如果此时再遇上父母、老师甚至朋友的围追堵截，那么女孩子就感觉天要塌下来了，这时候她们就会走向极端，要么走进“早恋”的旋涡，要么麻痹自己做个木头人。

这两种做法显然都不妥，其实，首先你要理解自己并能面对问题，因为这样心境就会相对平静一些。相思的心绪就像是一棵小草，越遇到重压，它生长得越顽强。因此，对异性的关注之心既然产生了，就没必要去刻意压抑和否定，内心的交战往往是自己打败自己。刻意忘记恰恰说明你还在惦记着，不能释怀。因此你不必慌张，以顺其自然的态度接受它即可。

接下来，你还要做一些工作。既然“喜欢”上了一个人，你完全可以和他接触，更多地了解对方并使对方了解自己，由于近距离的接触，很多本是你脑子里产生的虚幻会自动消失，而你的那种没来由的悸动也就不会毫无理智地继续横冲直撞，扰乱你的生活。

你要学会对你喜欢的人做出正确的评价。比如，他有哪些优点，如果优点很多，那么你有没有这些优点。如果你没有优点，当然那是不可能的，真实的情况只是你有优点，但表现得不明显。但

即使如此，你的心里还是会认定你们是不般配的，这时候你没有必要妄自菲薄，你需要做的就是努力学习他，积极上进，弥补自己的不足。很多女孩子因为喜欢上某个男生而忽然找到了进步的动力，并能在很短的时间以让人难以想象的大幅度进步。所以，你看，喜欢上男生并不是一件只让你产生负重的事情。

随着时间的推移，或者随着你对那个人的考察，你可能会发现他并不像想象中的那样令自己倾心，那么你相思的情结就不会浓得化不开了，情绪不再像从前那样高涨，你也不会像个“花痴”一样为他辗转难眠。

如果你不这样做，却采用相反的方法，压抑、封闭自己的感情，只在内心通过不断地遐想“独享”感情，往往会陷入胡思乱想的怪圈。因为脱离现实的期待不是建立在真实的交往上。就像名著《飘》中所说的那样：斯嘉丽爱上的不是艾希利，而是她为青春编织的一个黄金的外衣。因为艾希礼的文雅、暧昧给斯嘉丽造成了某种神秘感，这是一个在她的认知范围之外的事情。对于自己所不知道的事情怀有新奇感，是每个人的经验，而斯嘉丽本身又具有较强的控制欲望，这才造成了斯嘉丽的悲剧，追求了一生，到头来却发现自己所求并非自己所需。

当然，作为学生，你应该适度地调配用在这方面的时间和精力，否则便是一个不称职的学生。如果你作为一名学生都不称职，那么，你又如何保证在以后的工作生活中能称职呢？所以，你要理解父母和老师的禁止是有一定道理的。

总之，玫瑰就应该有玫瑰心事，这没什么大不了。顺其自然，你可以看着他，关注他，但也别忘了自己，别忘了学习。别让自己的玫瑰心事变成鬼魅心事，而要让玫瑰心事变成玫瑰喜事，用爱来催促自己的成长，用比较来激励自己奋斗。

青春期的偶像迷恋不是旋涡

对于一些女孩子来说，青春期的玫瑰心事所针对的对象，不是自己的同龄好友，而是大名鼎鼎的明星、艺人。在聚光灯的衍射下，一些被万千少男少女膜拜的偶像，披上了神秘而高贵的面纱，他们在镜头下展现最优雅的一面，那是最让人难以拒绝的完美。女孩子们那脆弱的心，往往无法摆脱这种完美的诱惑，不但如此，她们可能还推波助澜地对自己实行麻醉，把这些偶像神化，既不可接近又万般想要接近。

但是据大多数过来人说，每每想起自己青春年少时对于明星的迷恋，都会笑翻，为自己的幼稚，为自己在脑海中编织的那些不现实的童话。可是世上有一个人从这样的童话中醒来，就有一个新人在这样的童话中沉迷而入。在时间的隧道上，过来人成熟了，而孩子们却毫不迟疑地沿袭前辈曾经走过的路，任“过来人”怎么呼喊都不出来。

当然，这样的童话也并非只是死胡同，如果你处理得好，它不过是一条隧道，不远处就有一个光明的出口等着你呼啸而出。那么怎样的路才是死胡同，怎样的路才是有着光明出口的隧道呢？

早在周杰伦唱那首让“过来人”当作笑谈的听不清字词的歌曲《双截棍》的时候，晓旭就已经不可救药地迷上了周杰伦。

就在小旭为周杰伦痴，为“双截棍”狂，以嫁给周杰伦做自己的人生目标时，忽然传出了杨丽娟因迷恋刘德华而倾家荡产的新闻。小旭的好友知道她迷恋周杰伦，于是纷纷拿杨丽娟做“榜样”来劝解小旭，企图让她迷途知返。

一开始，小旭也感到很震惊，她十分珍视自己对于周杰伦的这份感情，她觉得这是世界上最圣洁的感情，应该能被人理解的，也应该能被人接受的，可是随着同学不断在她耳边说杨丽娟的“悲催”故事，为了见刘德华一面，甚至搭上了老父的生命，她不思悔改反而执意要见刘德华，小旭也有些动摇了。

难道自己和杨丽娟属于同一性质？她把自己的这一想法写进了日记里，她依然对周杰伦念念不忘，同时告诫自己，不要走杨丽娟的那条不归路。她不允许自己成为不自尊、不自爱、不自强、不自立的女孩子。

小旭还没有写完，忽然肚子痛，她匆忙去了卫生间，没有来得及合上日记本。恰好此时，她的好友英姿进来，看到了小旭写的日记。等到小旭回来，英姿就大声嘲笑小旭。小旭理直气壮地说：“怎么？做周杰伦女朋友有什么错吗？”

“那有什么错，我也喜欢周杰伦呢！可据统计，想娶孙燕姿的男生加在一起，比春运的人还多，想要给周杰伦当女朋友的女孩子，比想娶孙燕姿的男生还多，你想想吧，你怎么和她们竞争？”英姿连忙解释说。

“但是总有一个人会脱颖而出，你怎么肯定那个人就不会是我？”小旭有气无力地反驳道。

“其实我挺佩服你的，我崇拜明星，从来没有像你这样，能执着地喜欢一个明星。跟你说吧，我初一时，特想让陈坤当我哥；初二时，特喜欢邓超，知道他和孙俪好，心里难过了好久，但之后我又发现这简直是世界上最完美的事情；初三时，想嫁给谢霆锋，但是后来听说张柏芝嫁给他了，而我到现在还正在长身体，与这些名人的亲密接触看来是遥遥无期。真是可悲又可怜，可是我心里不难过反而很高兴。高一时，我想尽了一切办法接近周杰伦，见是见过，听过演唱会，我还疯狂地伸手和周杰伦握了手，可是那又怎样呢？我发现他甚至没有看我一眼，也就是在那时，我忽然就醒了。有很多明星并不像他们所伪装的那样，有很多好品质，可是我们却因为他们的一面而让自己痴狂不已，可叹啊。现在，我只是喜欢他们的歌曲，听着他们的歌曲，我能感觉到他们在为我的成长助威加油。”

小旭虽然在情绪上还是有点难以接受，但是她还是开始劝自己了。英姿走后，她久久不能平静，她在日记中写道：“这些在聚光灯下的人，展现给我们的都不是真实的一面，我只应该珍爱他们的美好，并用他们的这种美好来激励自己。”

青春期是人生最活跃、最生动、最勃发的阶段，是人的精神世界中好奇心和探索欲望最强烈的阶段，偏偏还是幻想、夸张、联想等思维心理活跃的阶段。但同时，“不幸地”赶上了理性和逻辑思维、依赖于阅历和总结反思的经验思维等最薄弱的阶段。在这一阶段里，我们很轻易就会产生偶像崇拜心理，但是我们却很难将这种心理纳入更为成熟系统的思维。

心理学家研究表明，明星们之所以受少男少女的宠爱，是有原

因的，除了聚光灯对他们的完美诠释，还有其他方面的原因，因为他们能把爱的姿态演绎得“像雾像雨又像风”，青春期就是情感的萌动期，这个时候，每个人都渴望爱，渴望了解爱，而明星偶像做得最好的功课就是对爱的描绘。

当然，明星的成功在一定程度上使他们对爱的描摹显得更加绚丽而美妙，孩子们羡慕明星的成功，渴望有一天能像明星一样站在巨大的舞台上，向全世界展现自己最美好的一面。

这有什么错？没错，对明星的崇拜只说明我们是正常的人，是上进的人。一些父母没有经历过这样的明星崇拜，他们会用非常难听的语言来斥责孩子的明星崇拜行为：

“×××算什么东西？你痴迷他，难道你能嫁给他吗？”

“×××、×××之流也配得上学习、模仿？真是鬼迷心窍！”

“你再迷恋那些破玩意儿（照片、CD等），我把它们全都烧掉！”

其实，客观地说，这对你来说是不公平的，这里为你说句公道话。但你要明白父母是没有恶意的，他们只是还不能完全明白你的心理，也不能接受你的行为。

那么此时你怎么办呢？你要让父母放心，要能用语言和行动告诉他们：其实你只是以明星崇拜的形式来督促自己成长。当然，这话可不是空口说的，你得能真正做到，用明星来激励你的成长，而不能沉迷于明星那虚幻的故事中不能自拔。

总之，偶像迷恋到底是不是旋涡由你自己说了算，那是你的地盘，你有喜好的自由，同时你也有责任把控你的这种迷恋的方向。希望你能像迷恋乔丹的姚明一样，稳健有序地搭建自己的人生，而不要像迷恋刘德华的杨丽娟一样，毁掉自己的人生。

没有一朵花会错过春天

人生到底是什么？为什么我们总是有数不尽的纠结和哀愁扑面而来？为什么我们会在稚嫩的年纪遭遇不幸？有没有神看到我？有没有神愿意伸出双手来解救我？

对于一些遭遇巨大挫折的孩子，他们心理受到的创伤是常人难以想象的。他们心底里的悲哀通常用浅层的爱意根本无法化解。就像下面故事里的这个孩子，可这样的孩子，往往是得到上帝眷顾最多的孩子。

她叫紫罗兰，这当然不是她的真名字，可是她的老师喜欢叫她紫罗兰，她也喜欢自己的老师叫自己紫罗兰。

紫罗兰刚来到班上时，就像一个鬼魅，与任何同学都不产生交集，几乎没有人听到她说话，更没有人知道她想什么。而老师在课堂上叫起她时，她通常都是冷寂地沉默，站在那里，如同一块顽石，冥顽不化。

老师早就注意到了紫罗兰那冷漠得如同千年冰窖的眼神，更看到了她在上交的作文里写的那段悲哀的人生总结：“从来没有人注意过我。我的生，我的死，都与这个冰凉的世界无关。”

从某种程度上说，事实的确如此。她的生活一片狼藉。她从小就没有了父亲，和外婆、妈妈相依为命，受尽了别人的欺凌。上苍实在冷漠，就连这唯一的爱也不想让她长期拥有。就在她3岁的时候，外婆重病去世，她8岁时，妈妈又被一场车祸夺走了生命。妈妈走的时候，久久闭不上眼睛。她眼泪未干，就又被丧尽天良的人贩子贩卖到偏远的四川，受尽折磨。

好在11岁的时候，她被人解救了，她又回到了日思夜想的故乡，可是她只能住进孤儿院，那里没有人关心她。命运多舛，她还有什么理由相信温暖？

没有人明白，在这颗幼小的心灵中，为何会充满那么多不可名状的哀伤和绝望。她的老师也一样。

这是一位年过半百的老人，言语不多，教学经验极为丰富，但他知道，以简单的话语难以和这位年龄差将近40岁的女孩儿倾心交流，去温暖她那颗冰冻过久的心。

但他必须有所行动，他不能任凭自己那颗苍老的心面对这个稚嫩的灵魂时显得苍白无力，他在陈旧的教案本背面上打了很多遍草稿，把要说给这个孩子的话一一罗列出来，像研究一部旷世巨著，删了写，写了删。他的语言充满了慈善之美，连他那8岁的孙女都被感动得哭了，可是他还是觉得语言苍白无力，软弱得像阴天里的清冷雨丝。晚上，老师几乎不能入睡，一直在思索如何打开这个孩子的心，但是毫无结果。

第二天，给别的班级上完课之后，他要穿过操场，走到他的班级所在的教学楼，在路上他碰到了正在角落里抹眼泪的紫罗兰。这位老师差点哭出来，他急急忙忙跑到她的身边。听到脚步声，她侧脸抹泪后，镇定地叫道："老师好！"

"怎么不和同学一起玩呢？"他气喘吁吁地问道。

"老师，我和他们不一样，我生来就该被抛弃。"

老师拉着她的手，指指不远处的花丛，问道："这些花，你认识多少？"

"大都认识。譬如，那是迎春，那是瑞香，那是玉兰，那是——紫罗兰……"说着说着，她的眼泪掉下来，她的外婆和妈妈最喜欢的花就是紫罗兰，她们甚至把她的名字叫作紫罗兰，可是自从她们走后，再也没有人那么亲昵地称呼她紫罗兰了。

他张了张嘴，可是什么也说不出来，他只能用一双苍老的手替她抹掉眼泪。他望着那花团锦簇的花圃，忽然有了主意，他问她："你能把此时没开的花点出几种来吗？"她顿时被难住了。老师又问："为什么它们都会竞相开放？"这个问题她可从来没有想过，为什么？它们不就应该那样开放吗？还能怎样？

当夜，她想了许久，她甚至去孤儿院里的小型图书馆那里翻看查找有关花朵的图书。折腾了一个晚上，她找到了不怎么像答案的答案。第二天早晨，她刚进教室，看到他坐在讲台边，她迫不及待地向他解说了为何花朵都会竞相开放的原因。老师微笑地听着，频频点头。她说完后，老师送给她一张卡片作为奖励。

那个问题之后，她被他称为紫罗兰，就像她的外婆和妈妈那样称呼她。她就像换了一个人似的。她主动和同学搭话，帮助他们解决问题，组织班里的课外活动，维持课堂秩序，等等。

很多年后，她站在明媚的讲台上，成了一名优秀的教师，她也带她的学生去看花，点花名。也曾问过一个生活受重创而委靡不振的孩子，为什么花朵都会在春天竞相开放？次日，当那个孩子也和自己当年那样匆匆忙忙跑来要告诉她答案之时，她将当年老师给她的那张卡片递给了那个孩子。

泛黄的卡片上坚定地写着："没有一朵花会错过春天。"

不管你遇到了什么挫折，要永远记住：你是春天里的一朵花，你生在春天里，上苍不会让你错过开花的机会，你也不应该错过开放的机会。除非你宁愿把自己当成一块又臭又硬的垫脚石。

曾经有一个哲人说："上帝赋予你缺点，是为了让你能看到你的特长。"这句话我们可以推而广之，你现在拥有的一切都是上苍赐予你的，无论那是什么。相信上苍吧，它给你的每一样东西都是有意义的，你要学会接受它，看清楚上苍的本意。因为上苍从来不让一朵花错过春天。

有一种爱叫感恩

英国作家萨克雷曾经说过："生活就是一面镜子，你笑，它也笑；你哭，它也哭。具有感恩之心的人，同样生活也会回馈他以爱护。"

中国自古就有"滴水之恩，当涌泉相报"的传统教育思想，大多数人也都认可这样的意义：当有人于我有恩，我的确应该予以报答。但其实，这里说的感恩是更宽泛的意义。

我们来到这个世界，太阳给我们温暖和光亮，天地给我们生存的空间，社会给了我们安定的环境，父母赐予我们生命，邻居互相帮助……每一件事情，每一个人，都是我们的恩人。即使是折磨我们的人，如果能换一个角度，我们也能发现他对于我们的帮助。我们的每一点获得、每一点进步、每一点快乐都不只属于我们自己，这背后有很多其他人的力量，有时候，我们的进步可能需要外界很多人很多事情做出很多改变而得来的。所以，我们有必要感恩。

我们不该以狭隘之心而应该以开放之心来看待自己、看待周围的一切。世界是个整体的能量库，我们每个人都应该是这个能量库的一个构成部分，同时也都从这个能量库中吸收能量。

当我们学会了感恩，我们就有了融合之心，有了融合之心，我们也就能够和世界的能量库成为一体，成为一体之后，我们也就能顺利吸收能量库的所有能量。这就是自然之道。我们不用去研究什么玄幻的道，也不用去解读那神秘的力量，只要我们有融合之心，我们自身就能够创造玄幻，我们自身就能够创造这种力量。

这正是我们要给你的理念。但这个理念太大，需要你用一生去体会，下面我们就讲几个具体的感恩的故事，帮助你一点点找到修炼融合之心的方法。

师傅和徒弟开车到乡下去送货。山路崎岖坎坷，车子损耗很大。师傅只好慢慢开。尽管如此谨慎，还是出了意外。在回来的时候，车后轮的一只轮胎爆了。师傅听到“砰”的一声响，不禁拍着方向盘狠狠骂了一句，停下了车。徒弟麻利地下车去取备用轮胎，可却发现走得匆忙，忘了带千斤顶。不远处的路边有两间房子，师傅指着房子告诉徒弟去那里把千斤顶借来。

“你怎么知道那儿有千斤顶？”徒弟问。

“你要想着那儿有。”

“没有怎么办?”

“没有你也要想着那儿有。”师傅显得有些无理。

“要是那儿有，但是他不借呢?”

“你要想着他会借。”

“要是他有，他不但不借，他甚至连门也不开呢？”

“你要想着他会开门。”

徒弟将信将疑，这时候师傅教给徒弟一些话，让他如此这般地向人家请求。徒弟听后立刻恍然大悟，毫不迟疑地跑到那两间房子前敲门。

门开了，一个中年男人出来，显得满脸不耐烦，徒弟连忙冲着那个人说：“又有事需要你帮忙了。”中年人一愣，仔细打量了一下这个陌生的年轻人，问：“我认识你吗？”徒弟摇摇头说没有和他见过面。中年人于是问道：“那你怎么说又有事需要我帮忙呢？”徒弟说：“你家在路边，尽管你没帮过我，但你一定帮过不少其他人。所以，我来了，对你来说，是又有事需要你帮忙了。”

中年人的眉头慢慢舒展开来，他已经从心里喜欢上了这个年轻人，他决意帮助他。徒弟于是把自己的遭遇告诉了中年人，可惜的是，中年人家里没有千斤顶。徒弟一听一下子不知所措。中年人看到徒弟如此犯难，二话不说回屋里骑上摩托出来。他刚出来，就听屋里有一个尖利的女人声音响起：“你要去哪里，这里的活还没有忙完呢？”中年人冲屋里喊道：“少啰嗦，我一会儿就回来。”说着对年轻人一抬下巴，说：“上车，我知道哪里有，我带你去。”中年人带着徒弟走了好远的路，到他的一个熟人那里借来了千斤顶，并帮助师徒俩把车修好。师徒俩对这个中年人万分感激。

走在路上，徒弟显得非常兴奋，他在想人和人之间的关系居然如此微妙，真是太神奇了，他忍不住对师傅总结说：“师傅，这人就是应该有心计才行啊。我看来还得多读读《孙子兵法》。”师傅立刻停下车，严肃地训斥道：“没有什么心计不心计的，做人不要想着什么心计，而要想着感恩。你小小年纪，可别心胸狭窄，你得这么来看待这个事。”徒弟挠着头皮，不明白师傅是不是又故意借题发挥。师傅见徒弟没有明白自己的意思，就解释说：“你看，不管他有还是没有，也不管我们能不能向他借到，但他是我们的希望，而对于希望，我们首先不是索要，而是要心存感激，感激他给我们带来希望。而承受了你的感激的人，是会给你带来希望的。”徒弟恍然大悟，并牢牢地记住了。

从这个故事你看出什么来了吗？

大多数人都是先接受然后感恩，而这个聪明的师傅告诉我们人生应该先感恩希望，然后才有可能会获得希望。这就是境界的不同。

单纯从人际关系来说，你怎样对待别人，别人就会怎样对待你。感恩于别人，如同赞美一样，会让人产生愉快的心情，从而赢得别人对你的好感与关爱。对别人为你所做的一切怀有敬意和感激之情，对别人可能带给你的希望心存感恩，这样不仅会赢得必要而有力的支持，而且还可以避免陷入不必要的麻烦。行为孕育行为，你对我友善，我对你也友善，如果你不友好，我也不可能友好地对待你，这就是心理学的互惠关系定律。

一些虔诚敬奉神灵的人都会遇到这样的事情，他们发现心诚则灵。从心理学的角度来说，这不过是你的祈祷、请求的时候带着明显的感恩心理，大多数人在敬奉神灵的时候都愿意在某方面达成心愿时付出另一方面的代价，正是这种感恩心理使这个人有了融合心理，这个融合心理带动了自身的能量，让自身的神性、潜能得到了开启，于是你的希望变成了现实。

推而广之，无论我们的希望是人的帮助，还是事的实现，只要我们心存感恩心理，那么我们就能够开启自身的能量，因为我们本来就是这个能量的一部分，我们自身的能量和世界整体的能量库有着相同的编码。如果我们以开阔的心胸面对世界，我们就能够得到整个世界。

亲爱的女孩，请你不要从浅层的人际关系中来理解感恩的意义。我要教给你一种成熟的心智模式，把你自己放进整个世界里去，先不要目光短浅地只顾去评判世界到底给了你多少，只是融入进去，总有一天你会发现，你是世界，世界是你，你是世界的，世界也是你的。

相处是一门学问

英国有句谚语说：没有相处能力的人，就像陆地上的船，永远也到不了人生的大海。世界上没有任何一个正常人不需要和人交流，也没有任何一种工作不需要和人打交道。我们生活在人群中，没有人际交往能力，就意味着我们将没法体验真实而有趣的人生，也没法获得进步。所以，从小时候开始，我们就要学会与人之间的相处之道，我们不但要获得别人的赞誉和尊重，还要能够在与人的相互交流中找到自己的位置，找到促进提升的动力。

圈主：我是人气小女生

每一个女孩子都希望自己成为被众星捧出来的月亮，希望自己成为每一场话题的中心，希望所有的人都关注自己，一言以蔽之，希望自己成为一个人气小女生，牢牢地控制着自己的小圈子，当仁不让地做好圈主的角色。

那么怎样才能成为这样的人气小女生呢？

第一，你得敞开心扉。你要想获得别人的好感，自己就要能给别人营造好感。

你可以主动问候别人，让人注意到你，慢慢了解你。敞开心扉其实很容易做到，就是微笑着问候别人。和对方眼睛对视，不要避开对方的视线，先向对方问好，那么就容易得到别人的关注。

主动爆出自己的糗事。虽然我们不能传播别人的隐私，但是可以传播一下自己的“隐私”，因为这的确可以拉近与别人之间的距离。但是一定要注意把握尺度，不要一下子把特别让自己尴尬的事情告诉给第一次见面的朋友。首先，那会让你处于很危险的境地，你不知道对方是否是一个能够遵守秘密的人，或者是否愿意为你而遵守秘密；其次，会让对方不尊重你，你爆料的尺度太大会让对方觉得你看不起自己，一个看不起自己的人自然也不会被别人看好。当然这个尺度如何把握还得你慢慢从生活中体会，书本无法给你更详细的描述。

第二，你要有那么一两个优秀的人做“死党”。

很多学生喜欢将自己谈得来的同性伙伴称为“死党”，他们往往是同班同学，有着相同的性别，有说不完的共同话题，整天形影不离。可以说，“死党”是处于青春期的中学生无话不谈的密友，是最了解自己“秘密”的伙伴兼“亲信”。基于这种“特殊关系”，决定了“死党”地位的微妙性——既牢不可摧，又脆弱得不堪一击。因为交友不慎，“死党”可能不是和你同生同死，而是置你于死地的人。所以，女孩在选择朋友的时候，一定要谨慎而又谨慎，除了有共同话题之外，还要格外考察她的品质。

第三，克服不良交友心理。

1.自卑与自傲。对自己缺乏正确的认知，在交往中缺乏自信，总觉得自己不足的地方太多，优势太少，失去交往的勇气和信心。这种自卑心理会让你找不到真正和你知心的朋友，因为你对自己都不能算是知心。自傲与自卑心理相反，在交往中过高地估计自己，总觉得自己优于别人，盛气凌人，自以为是，甚至不愿与人为伍。这样的人，通常比自卑心理更容易制造矛盾，因为他们总是觉得自己想得、说得、做得比别人的好，比别人的更高明。

2.自恋心理。注意，这与自傲心理不同，自傲心理侧重于外部行为表现，而自恋心理主要是指内部的心理体验，表现为过分地自我关心，自我欣赏，有自私的成分，总觉得自己高人一等，因此也总抱怨别人不重视他（她）。要知道，圈主并不意味着能把朋友当成你的仆人一样，你的自傲会让你的朋友迅速远离你。

3.猜疑恐惧。有的人疑心太重，对他人的言行过分敏感、多疑，往往陷入痛苦和焦虑之中，特别是在众人面前，不由自主地感到紧张、担心和害怕，以至于手足无措，语无伦次。严重的会发展为交往恐惧症。

4.嫉妒敌视。嫉妒心，表现为对他人的长处和优势、荣誉和成绩十分不满，抱有憎恨情绪，冷嘲热讽，甚至采取不道德行为。有的甚至仇视、厌恶他人，认为人和人之间无信任和善良可言，皆为尔虞我诈，往往产生报复行为和其他攻击行为。嫉妒仇视心理只会让你增加敌人，而多一个朋友多一条路，多一个敌人多一堵墙。

5.泛化心理。在交往中，缺乏辩证思维和求实精神，把对方的某一优点无原则地加以泛化，或者把某一缺点无原则地加以泛化，使交往难以健康发展。交往不光是一种自我认知，同时还是对他人的认知和辨识。没有辨识能力的人，自然会在交往中遭遇挫折。

6.逆反心理。主要表现在同伴交往中。对对方的言行不加分析地反抗和抵制，使双方关系紧张，交往难以顺利进行。对于少女来说，这种逆反心理大多是由于嫉妒心而起，不喜欢别人比自己优秀，所以反抗和抵制。除此而外，多疑敏感也容易造成逆反心理，即因为对对方的言行产生误解，认为对方鄙视自己、嘲讽自己、敌视自己，于是起而反抗、抵制。

这六大不良心理会造成交友行为的偏差，并最终使你成为不受欢迎的人，所以要不断修正自己的心理。

第四，掌握几个解决矛盾的方法。

下面提供了一些解决小女孩的交友困惑的方法，可以供你参考。

1.和朋友发生矛盾后，如何既不丢面子又能让她原谅自己？

女孩子非常爱面子。很多时候，两个好朋友之间为鸡毛蒜皮的一点小矛盾，最后闹到分道扬镳，就是因为顾全面子，两人都不愿意做第一个低头的人。

朋友是什么？朋友应该是这样的人，你和她在一起的时候没有话题的时候不会觉得尴尬，你做错事情向她道歉的时候不会觉得丢人，这才是朋友。所以，想与朋友和好，不必考虑面子问题，想说什么就说什么，不要有太多顾虑。如果对方不理你，怎么办？真是你的朋友，由于你们有共同的话题，有共同的思维方式，你们会在发生问题的时候同时进行反思，你认识自己的错误的时候，对方可能也在检讨自己。当你提出主动与她和好，她会感动于你的宽容、大度、有涵养，更愿意和你成为好朋友。

2.我的两个好朋友最近发生了矛盾，自己夹在中间，如何处理她们之间的矛盾？

这是女孩子之间最容易出现的问题。通常，一个女生和另一个女生产生了矛盾，她会拉好多朋友与另一个女生敌对，以表示自己是正义的、正确的，对方是非正义的、错误的。其实成熟的人不会用这种方法来对待自己与朋友的矛盾。

如果你正处于两个矛盾的朋友中间，你不能偏向于任何一个人，但也不能表现得像处于飞禽和走兽战争中间的蝙蝠一样，两面三刀，两面讨好。那么你该怎么办呢？这时需要你仔细地想一想，两个人为什么会产生矛盾？原因是什么？他们有没有想和对方和好的意愿。建议你在适当的时间，比如放学路上，问问他们各自的看法，暗示他们和好。也就是说，你充当的是和解员，而不能充当拆散专家。

当然，这两个朋友之间的矛盾，还得需要当事人自己去主动解决。你的角色只能是调解员，不能再进一步，否则就可能会触犯其中的一个朋友，从而失去他。

3.当发现朋友并不像自己想象中的那么好时，怎么办？

人无完人。朋友之间也要有一种宽容接纳的态度，接纳他的好，也要接纳他的不好（当然，品质恶劣除外）。这才能称之为朋友。当然，这个接纳不是让你和品质特别不好的人做朋友（比如和社会上的某个“大姐大”做朋友），而是你经过品质衡量之后已经成为知己的朋友。古人云：水至清则无鱼，人至察则无徒。如果你接纳不了朋友的缺点，就不可能有朋友。面对朋友的缺点，尤其是不像自己想象的那样好时，要学会适应，而不是让别人适应你，这也是与人交往的必要常识。

当然，最重要的是，交朋友是应该有选择的，即使是面对学校里的纯真同学，也不是什么人都可以交，脾气很坏的人、嫉妒心很强的人不交也罢。不是说你不能接纳她们，而是在你的心没有足够的能量防备被她们浸染之前，不要与她们为伍。否则，受害的是你。

总之，虽是和别人相交，但功课还得自己做，你得学会容纳，学会辨识，学会控制自己不会变得堕落。这样，当你放开眼界，你就会有许多好朋友的，你就会成为一名人气小女生。

“小长舌妇”也是长舌妇哦

亦舒曾经说过：“做朋友便是做朋友那么简单，最恨别人去打听我的隐私，如果你认为值得付出友谊，让我们握手言欢，如果不，那么去找别人，但别试图探听我的秘密。我的秘密，属于黑暗。”

没有人喜欢别人将自己的隐私到处宣传，就像没有人喜欢被人脱光衣服亮在大庭广众下一样。所以，你首先要学会的相处之道就是保守秘密。

上海教育电视台《学子》栏目负责人曾经接到过这样的一通来电。一名家长在接通电话后泣不成声，声称自己19岁的女儿安安经常情绪失控，脾气暴躁，外人无法与她接近。当负责人问起原因，这名家长告诉他说：这一切，正是由她的隐私被身边同学揭开所引发的。

原来，这个叫安安的女孩子因为虚荣心曾经偷过考卷，不巧正好被老师发现。老师在教育了她一番之后就让她回去了。但老师和安安都没有注意到，班长在办公室的外面将老师的话听了个满耳朵。

按理说，班长素质应该很高，据他自己说，他也的确暗下决心不让这个秘密传出去，可是他还是忍不住告诉了自己一个低年级的学妹。当然了，为了保护当事人，他还使用了化名。

但是这个学妹偏偏好事，她有个小姨也是老师，她立刻给小姨打电话询问到底是谁偷试卷未遂。小姨责备了这个好事的外甥女一番后，还是把安安的名字告诉给了她。

于是，一夜之间，整个学校都知道了安安的丑事。每个人都对着安安指指点点，安安不知道是班长还有那一些不认识的人出卖了自己，还以为是老师故意爆料，羞愧加上憎恨、恐惧，使她变得神经兮兮。

偏偏那个老师也不知道安安的事情已经被广泛传播，在讲解考卷时，请安安回答问题，问她某个考题该怎么解决最好。安安刚刚站起来，班上就有同学起哄，说："她是该说说。"所有的同学哈哈大笑。安安彻底崩溃，她拿起自己的书扔向老师，尖声叫道："你到底想怎样？"书本正好打在老师的眼睛上，老师痛得大叫，教室一片大乱。

这之后，老师并没有反省，反而勒令安安退学，说她严重影响学校的教学秩序。回到家中的安安整日窝在家中，不吃不喝，很快病倒。安安的妈妈心痛不已，在了解到详情之后，决定将学校诉诸法庭。

之后，学校也经历了一场风暴，校长很快查出班长、那个学妹和她小姨的推波助澜，她小姨受到了严厉的处分，班长和那个学妹也分别被给予了警告。

尽管传播信息的人受到了惩罚，可也不能挽回安安所受的精神损失，据心理医生说，她还需要很长一段时间的治疗才能好转。安安的妈妈告诉给《学子》栏目的负责人，希望能通过这个栏目呼吁所有的孩子，要尊重别人的隐私，不要随便传播别人的隐私。

尽管舌头没有骨头，但却是杀人不见血的钢刀。20世纪30年代的著名影星阮玲玉自杀留下的遗言就是“人言可畏”。由此可见舌头的厉害，它能翻云覆雨，兴风作浪。可它说来不过是“长舌”，怎么有能力，也不会有人为它树碑立传，相反却为人们所诟病。

对于一个女孩子来说，如果做一个讨人厌的长舌妇，那么她注定要在有意或者无意间伤害别人的同时，也为自己引来灾害。所以，从现在开始你就要学会认识人的隐私，能够把尊重人的隐私作为一种必要的行为习惯。在说话之前一定要仔细斟酌，千万不能乱说。

爱说别人闲话是女人致命的弱点，原因恰恰是女性对语言的敏感性和对语言的热爱。其实还在不谙世事的时候，小女孩就已经开始了这种隐私的传播：“你和我好吗？你要是和我好，我就会告诉你一个秘密。”用秘密来换取友谊，这是女孩子的一个交际法宝。大多数女孩子说的通常都是自己的秘密，说自己的秘密代表着她的心向你敞开了，你可以放心地和她交往。

但有一些女孩在听到别人的秘密之后，却没有意识到这个秘密只是与她共享，而不是与整个世界共享，于是，无所顾忌地把自己所知道的秘密宣扬出去，无意间扮演了“长舌妇”的角色，伤害了那颗向她敞开的心，也失去了一份纯真的友谊。

还有一些女孩子，说的不是自己的秘密，她的交际方式是说别人的秘密，但实际上，这样的方法根本不利于交往。听秘密的人虽然忍不住好奇的心理，希望听到更多的隐私，但是同时她也会怀

疑说者：“你怎么这么长舌？今天你把别人的秘密告诉我，那么哪一天，你肯定也会把我的秘密告诉给别人。我还是对你小心一点吧。”

自己的秘密可以说，但长舌妇不能做。因为长舌就意味着是非，长舌就意味着伤害。爱说别人闲话的人，没有人会觉得她品质素质好。一位名人曾说：“要想成为一个有气质的优雅女性，就要千万注意，不可做一个长舌妇，不要陷入是非中。”

其实，大多数女孩子还不能算是长舌妇，她们可能会在私下里讨论一下别的人，发泄一下自己的愤怒、嫉妒或者其他不良的心理，也可能只是表达一下自己的看法，但她们还没有那么恶毒的心像蚊子一样传播某种“病毒”，伤害某人或者伤害整个集体的团结和睦。她们只是无法把控自己的不良心理。

但是如果这种心理得不到有效抑制的话，那么随着年纪的增长，就会变本加厉，因为嫉妒心、攀比心、虚荣心，还有其他种种见不得人的不良心理，会使人变成喜欢议论东家长、西家短的人，成为不说点什么诋毁的话就不舒服的人，成为听不到别人家的糗事就寝食难安的人……

要知道，舌头是世界上最毒的“武器”，它的杀伤力是呈指数形式递增的。正像相声里所说的：第一个人描述的是鸡蛋，第二个人传播的可能就是鸭蛋，之后会越传越玄，离本真越来越远。

总之，你要时刻警惕自己的舌头，就如同慎重地对待珍宝一样，使自己保持适度地沉默，人生将会平安顺利得多。你要趁现在就改变自己的心态，改变自己的想法。要做到非礼勿视、非礼勿听、非礼勿言。即使不能阻止别人说，但自己听过后也就算了，千万不要再去对别人说。

宽容朋友是境界，容纳对手是成熟

宽容胜过桃花潭水，宽容好似细雨春风；宽容是滋润心田的甘露，宽容是处理人际关系的一剂良药。我们不但要能够宽容朋友，更要能包容对手。

弯弯是个活泼可爱的高一女生，她喜欢有变化的生活，因此，她在放学的路上总是会给自己找一些新鲜有趣的事情，或者是一条新路、或者是一家新开的面包店……所以，当“花满堂”开业时，她成了第一个顾客。

弯弯一推门走进“花满堂”就开始嚷嚷：“老板呢？老板呢？”这时候一个帅帅的大男孩走过来，问她有什么事，那个男孩太帅了，弯弯一见竟然呆住了，半天没有说话。那个帅哥看她如此，不禁莞尔一笑。弯弯这才意识到自己的失态，脸倏一下红了。她忽然忘了自己进来干什么，尴尬的她转身就往外跑。惹得那个帅哥大笑不止。

弯弯跑出门口才想起自己不过是告诉这家店主：“花满堂”这个名字不好听，她有更好听的名字——香榭花舍或者丝路花语。想到这两个漂亮的名字，弯弯又有了勇气，她毫不迟疑地又转回来，依然是一推门就大声喊道：“老板呢？老板呢？”完全无视那个离她只有一码远的帅哥。

那个帅哥笑意依然，他问道：“我就是老板，你要买花吗？”弯弯一愣，没想到他居然就是老板。弯弯定定神，眼睛故意不看他，非常高傲地说：“我觉得你们这个‘花满堂’的名字不好听，太俗气了，这不能吸引顾客。”弯弯停了一秒钟，等着老板说话，但她从眼角余光瞄过去，发现他笑着在看她的脸，仿佛研究她，她有些发慌，连忙改了口气，说：“也许你有你自己的想法，但我觉得香榭花舍或者丝路花语会更好些。”说完也不等老板回答，转身就走。

那个老板叫住了弯弯，递给了她一枝漂亮的白玫瑰，说道：“谢谢你，这是答谢你的礼物。”弯弯不好意思地推辞，老板却以坚定的口气告诉她：“因为你是我的第一个客人，而且你告诉我如何起名字能帮助我吸引顾客，所以，我相信你能给我带来好运。我希望把你当成朋友。”听老板这样一说，弯弯立刻释然，她一改刚才的莽撞和羞涩，大大方方坐下来，和帅哥老板聊天。

从聊天中，弯弯得知，老板的名字叫刘宇，他有一个侄子叫刘强，也在弯弯所在的学校学习。刘强？弯弯太熟悉了，他是她们班的一个男生，长得人高马大，常常欺负女生，女生都是敢怒不敢言。弯弯就不怕他，那天，刘强又欺负他的女生同桌，让她帮助他削铅笔，恰好被弯弯看见了。弯弯把自己当成了女中豪杰，立刻大声斥责刘强：“你自己没长手啊，干吗动不动就欺负女生！”刘强从来没有受过这个，他眼睛一瞪，喝道：“你敢惹我？”他的同桌被这个声音吓坏了，连忙说：“没事，我帮他削就是了。”弯弯也一瞪眼：“你有没有一点女性的尊严。怕他什么？一个男生，以欺负女生为乐，那还算什么男人？”刘强腾地就站起来，班级里立刻有人起哄，所有的人都围在了刘强和弯弯旁边。弯弯毫无惧色，怒目瞪着刘强。眼看着刘强伸出他那铁一样的拳头，马上就要拍到弯弯的脑袋上了，就听一声断喝：“住手！”班主任老师像神武将军一样现身在刘强身后，刘强立刻就像泄了气的皮球，手瘫软下来。弯弯得意地看着刘强。刘强悄声说：“你等着。”

当弯弯把这段故事添油加醋地说给刘宇听时，刘宇笑得前仰后合，连连说：“我那侄子被他父母惯坏了，一直无法无天的，看来现在他有对手了。”

两人聊了很久，弯弯这个自来熟，很快与刘宇成了好朋友。自此以后，弯弯放学的时候总是会拐到刘宇的店里玩一会儿才回家。

一天，弯弯刚拐到花店门口，就感觉后脑勺被什么东西重重撞击了一下，她“哎哟”一声，用手捂住后脑勺，她感觉鲜血顺着指缝流出来。她尖声大叫：“我头破了，我要死掉了！”还不忘回头去找“凶手”，远远的，她看见一个身影颇似刘强的人拐过一道街跑了。

刘宇听到弯弯的叫声，赶忙跑出来看怎么回事。当他看到弯弯受伤后，立刻拉下店门，发动汽车，送她去医院。到了急诊室，医生检查后说：“还好伤口不大，算是不幸中的大幸！但需要住院检查一下，看看有没有脑震荡。”

刘宇叮嘱弯弯打电话告诉妈妈，并提醒弯弯，在打电话的时候不要吓着妈妈。弯弯很听话，只是轻描淡写地告诉妈妈自己在路上摔了一跤。但是妈妈听了还是不放心，以最快的速度赶到医院来看她。

见到妈妈，弯弯还是很激动，她抱着妈妈说：“那个死刘强，我明天一定要告诉老师。他这属于故意伤人。我想他一定会

被开除。哈，这下可好了。我为学校除去一大害。”弯弯没有注意到，刘宇的神情有些异样。由于弯弯不需要陪护，妈妈待了一会儿搭刘宇的车回家了。

第二天一早，弯弯刚从睡梦中醒来，刘宇就敲门进来了。看着他手捧着一大束百合花，弯弯兴奋极了。这时候，刘宇忽然支支吾吾起来。弯弯是个直性子，就问有什么事。刘宇有些难为情地请求弯弯不要告刘强的状，因为刘强这已经是第三次转学了，如果再被退学，可能就没有学校愿意接受他了。

弯弯忽然感觉很气愤，自己被刘强打伤，可是自己的好友居然还在替刘强的未来担忧。也难怪，毕竟人家是叔侄，自己算什么，不过是一个买花的“客户”罢了。弯弯不由得伤心起来，她低头不语。刘宇连忙解释说：“我不是让你原谅刘强，我知道这个小子罪该万死，他把我哥折腾得死去活来。可是他其实自己也知道错了，这束花就是他央求我送给你，表示谢罪的。”

弯弯不知道该怎么办才好，她一会儿觉得刘宇不把自己当成朋友，不为朋友伸张正义，一会儿又觉得刘强罪大恶极，如果不惩治他，他就会变本加厉；一会儿又觉得做人应该宽容，没有宽容就没有朋友；一会儿又推翻了这个观点，认为自己很委屈，被人打得住了院，还要替别人着想。

亲爱的女孩，如果你是弯弯，你该怎么办呢？

法国作家拉·封丹写过一篇寓言：北风与南风比赛，看谁能把行人身上的大衣脱掉。北风猛刮不止，行人反把衣服裹得更紧；南风徐徐吹拂，行人感到温暖，便把衣服脱掉了。

这个寓言说明什么？其实惩治刘强有更好的办法，不必使用强烈的“北风”，使用徐徐的“南风”反而容易改变这个孩子不良的行为。弯弯可以通过刘宇和刘强进行沟通，听听他的忏悔之意，给他一个悔改的机会。这样，不但不会失去刘宇这个朋友，相反还可能会把刘强转化成朋友。这就是一种高境界的交友之道。正所谓宽容朋友是境界，宽容对手是成熟。弯弯能够宽容，她就会获得刘宇的敬重，获得刘强的感动，还能督促刘强反思自己，进行改变。

虽然我们是小女生，但是我们可以通过一言一行来改变一小片世界，我们可以给一小片世界以阳光，这就是我们的魅力，也是我们的成熟。原来，美好非常简单，就是一举手一投足的改变。

不要和陌生人谈话吗

在我们还没有长大成人之前，我们的父母总是会告诫我们：不要和陌生人说话，小心陷阱！这使我们提高了警惕性，但同时也对世界充满了怀疑，不利于我们健康的个性发展。我们当然要警惕来自各个角落里的欺骗，但我们也没有必要把自己封闭起来，和所有陌生人说“No”。

就我们的生活范围来说，排除大街上的陌生人，我们还是会接触到各种各样的陌生人，新进到一个学校，新分到一个班级，参加一个非学校举办的活动，参加学校与学校间举办的交流活动，都会

遇到陌生人，如果这些陌生人都要推出门外，我们就会故步自封了。我们需要和陌生人打交道，以积累与人交往、与人相处的能力，增加辨别人的品质的能力，防止被社会上险恶的坏人欺骗。

大多数女孩子在与陌生人交往的时候，都心存顾虑。她们不但顾虑对方的品质，也顾虑自己不受对方的欢迎，因此她们宁肯保持沉默，也不愿意主动迈出第一步。

蛇、兔子、蜘蛛几个好朋友相约到蜈蚣家里小酌。酒没了，兴未尽，大家于是开始商量谁去买酒。

蛇说："我没脚，爬得慢。兔子，你去吧。"

兔子说："蜘蛛八只脚，比我的多，蜘蛛去可能会更好。"

蜘蛛反驳说："我的脚再多也比不过蜈蚣大哥呀，蜈蚣大哥，还是你去吧。"

蜈蚣连忙说："好，我去，本来也应该是我尽地主之谊。"说着出门去买酒……

一个多钟头了，两个钟头过去了，几个好朋友还不见蜈蚣买酒回来，不禁焦急起来，会不会是出了什么问题？

大家于是通过投票，让有八只脚的蜘蛛去看看，蜘蛛穿了半个小时的鞋，走出来一看，蜈蚣正在门口坐着，蜘蛛问："你坐这干什么呀？酒呢？大家都等着呢。"

蜈蚣也急了，说道："废话！你们总得等我穿好鞋吧！！！"

当然，这是个笑话。如果在与陌生人交往中，你总是考虑"哪个脚多"，怎样"穿好鞋"，那永远没法迈出第一步。不要有太多的顾虑，任何人都不可能得到所有人的认可，但并非所有的人都以排斥的心和陌生人交往。所以，勇敢地迈出第一步，你会发现其实和陌生人交往并没有想象的那么难。

人与人之间只有未曾认识的朋友，从不曾有陌生人！和陌生人做朋友本来就只有一心之隔，心与心的距离是最远的也是最近的。但是当你找到通向对方心的路径时，你就会和对方成为好友。

下面为你提供了一些与陌生人交往的技巧：

第一，寻找对方兴趣点，打开话匣子。

1.察言观色，寻找共同点。

一个人的心理状态、精神追求、生活爱好等，都或多或少地要在他们的表情、服饰、谈吐、举止等方面有所表现，只要你善于观察，就会发现你们的共同点。

女孩子大多比较细心，而且关于服饰、谈吐、举止等会有颇为成熟的见地，因此大多数女孩子仅凭直觉就能判断某个人擅长什么。

2.以话试探，侦察共同点。

为了打破沉默，开口讲话是必要的。如果你找不到话题，不妨以招呼开场，以询问对方籍贯、身份的方式，从中获取信息。有人通过听说话口音、言辞，侦察对方情况；有的以动作开场，边帮对方做某些急需帮助的事，边以话试探；有的甚至以借物开场，也可以发现对方特点，打开交际的局面。总之，只要你想打破沉默，你就总是会有办法。这就需要你不但要能观察，还要学会技巧，当然，这是一个不断积累的过程，不可能一蹴而就。

第二，同陌生人交谈，要努力造成一种轻松愉快的气氛。

在和陌生人聊天的时候，你要表现得直率而坦然，最要紧的是使对方不感到拘谨，或者你自己因为拘谨而无法表达，也很难使话题深入进去。不过毕竟你还是小孩子，当你和同龄人交谈时，你不难发现有意思的话题，愉快的气氛根本不需要你去营造，自然而然回旋在你们周围。即使你和年长的人交流也没有关系，因为即使你表现得羞涩拘谨，对方也不会嘲笑你，相反还会鼓励你。

但并不是所有的人都有这样的耐心，特别是当对方是考官时，他对你的耐心可能就会更小。很多女孩子觉得这样的场面自己根本没法掌控，那都是一些经验丰富的大人，自己根本就没有能力掌控他们。其实，营造轻松愉快的氛围，从你自己做起最好。比如，你表现得轻松活泼一些，那么即使很严厉的考官也会从你那里体会到轻松和愉快。

第三，不要雕琢词句。

和陌生人交谈，并不需要故作高雅，平时用什么词现在还用什么词。当然，这不是说要口无遮拦，怎么想就怎么说。我们在说话的内容上需要斟酌；可是在说话的方式上要顺其自然。一些高雅的词汇，也许可以为你的话语增色，但是如果因此耗费了大量的心理能量以至于无法集中思考要说的内容，就可能会得不偿失地出洋相，一旦读错了一个音或说了一个病句，就会给心理上带来巨大的压力，如果再造成紧张的恶性循环，就会洋相百出了。

第四，不要过分客气，使用太多的敬语。

在初次见面的自我介绍中，可以使用一些敬语，但一旦谈话深入下去，“谢谢”“请”“您”这些词就不必总挂在嘴边了，否则就会显得很见外，双方的关系很难进一步发展起来。礼貌是必需的，但太礼貌比不礼貌更容易让人不自在。

第五，不要说得太多，想办法让别人多说。

学会倾听，我们才能从陌生人那里获得信息，这些信息帮助我们判断对方是什么样的人，喜欢什么样的话题，是否值得和他沟通，怎么和他沟通最好。

第六，如果判断对方是坏人，要有办法脱身。

如果你在经过一轮简单的交谈后，发现对方有不良的企图，那么你得迅速结束对话，找到脱身之法。比如，你可以说，对不起，我认错人了。或者通过向别人求助的方式摆脱尴尬的局面。

总之，多和陌生人交往，你会获得更加丰富的交友经验，在丰富自己阅历的同时还找到了志同道合的朋友，同时还提高了社交能力，一举几得。

给人幸福的女孩子最幸福

赠人玫瑰，手有余香。给人幸福的女孩子最幸福。

一些小时候很优秀的女孩子，却因为“不合群”，长大以后，一直“怀才不遇”，自感处处受排挤，不仅才华得不到发挥，而且事事“不顺”，就连苦闷时，想找一个倾听自己心声的人都没有。这样的女孩子是不幸的，但不幸的制造者却是她自己。

为什么？因为她不懂得给予，不懂得开放胸怀，所以她不善于经营人际关系，不愿意给别人带去快乐，更不愿意为了别人的幸福而劳心费力，这样的女孩子，即使算不上自私，也绝对过于自我。

作为一个个体，他的能量永远是有限的，只有当个体融入集体的时候，个体的能量才可能达到无限。如果这可以称作化学反应的话，那么我们可以用催化反应来比喻，集体就像催化剂，能让个体的能量得到有效的催化。为什么？很简单，只有在集体中，我们才

能看到自己的短处，才能从优秀的人那里学习以弥补自己的不足。

为了融入集体之中，我们需要奉献精神，我们要把这个集体当成自己一样经营，把其他人当作自己一样去善待。我们都有这样的体验，当你帮助了别人，看到别人露出了微笑，你自己会觉得特别满足，那个时候的心理状态特别好，你会感觉自己是有用的人，感觉自己是受人欢迎的人，这时候，你比那个你帮助的人还要幸福。同时，当你能给别人营造幸福的时候，你也会得到他人为你营造的幸福。

再回到开头我们的话题中，如果我们能够开放胸怀，愿意牺牲自己的既得利益，为别人谋福利，那么我们就不会再有“不合群”的感觉，而且在帮助别人的同时，别人也看到了我们的价值。一旦有同样的事情出现的时候，那个曾经被帮助的人就会告诉别人，“我有一个很有能力的朋友，她曾经帮我做过什么什么，我想她是一个有能力的人，是一个能解决难题的人”，这样，你的“有能力”的名声就传播出去了，你绝对不会遭遇什么“怀才不遇”了。

就像日本的人际专家冈岛悦子在《人脉力》一书所描绘的那样：贡献！否则出局！

冈岛悦子曾经在哈佛大学学习工商管理。哈佛大学所有的课程都以事例研究法的形式进行，这里的规定十分严格，一半的成绩由你在班级中的发言得分决定，如果达不到一定的成绩标准就会被退学。学生必须在上课之前阅读一个接近30页的事例，然后分析事例、提出解决问题的具体活动方案再去上课。而且哈佛大学的学习量特别大，一周就要完成13次这样的课程准备，所以学生们每天课前必须进行大量的预习。但一个人的力量毕竟有限，聪明的哈佛学生于是自发组成学习小组。

所谓学习小组，纯粹是学生提高学习效率而发明的一种互助式学习。学生们没有义务进入学习小组，小组与学校之间也没有任何关系，但参加这个小组却不但能帮助你获得很高的人气，还能帮助你提高学习效能。所以在一年级的时候大部分人都自发组成5人左右的学习小组。这是一个完全自由的竞争市场。

但是这种学习小组在成立的时候需要费一番工夫。首先，全体学生汇集一堂，决定“谁跟谁一组”。大体上每100人分为一批。但在分批之前，每个人都需要把自己展示给大家，同时也要找寻最好的伙伴。为此，每个人有30秒的时间做自我介绍。

为了让自己能给更多的人留下深刻的印象，每个人在介绍自己的时候都会煞费苦心。冈岛悦子总结说，在介绍的时候，要真诚，而不要吹嘘，真诚地传达一种信息，但一定要把自己的专长讲清，让对方感到“啊，这个人的经历和技能跟我不一样呀”或者“不跟他做朋友会是损失呀”等等，要想方设法给对方留下深刻的印象。

组建好学习小组之后，哈佛学生的日子并不会变得轻松，有时候会更加严峻，每个人都必须要使出浑身解数来拼命做好准备向所属的小组贡献自己的力量，虽然这并没有什么看得见的报酬，但是每个人都知道贡献是非常重要的，因为这最终将决定你的能力进步速度、在小组中的受欢迎程度。

学习小组的人经常会认真严肃地讨论，每个人是否做了同等水平的贡献以及是否存在不劳而获的人。如果大家认为存在一点点不公平，那么偷懒的人就会遭到指责：“那家伙没有拿出value（附加值）”“算啦，以后也不用跟他合作了”……而被排挤出局。学习小组是一个“Commit or Die”（贡献！否则出局！）的世界。

看到这里，我们就明白了前面所说的哈佛大学图书馆凌晨四点灯光的意义了。当然，这是题外话，我们要说的是，就人生的意义，奉献比索取更大。每个人在奉献的时候，他不是在损耗能量，而是在将自己的能量库扩大，而索取的时候看似获得，实则是在缩小自己的能量库。亲爱的女孩，希望你能够理解这段话的意思。

历史上有一个著名的居斯公爵，盛负民望，但却因得民心遭亨利三世嫉恨。亨利三世不明白到底居斯公爵做了什么而获得这么好的人气。

一天，亨利问左右："居斯做了什么，能如此赢得人心？"好长时间没有人说话，大家都知道居斯的好，但这话会冒犯亨利，所以，没有人敢说明真相。亨利大怒，斥责道："如果没有人说明原因，那么所有的人都要受到重罚。"

这时候，一个胆大的人启禀道："陛下，他全心全意与人为善，即使没有直接受益的人，也会反省他的作为而受感召。他常常施舍，当无法给人实惠之处，就用言语来表示心意。他出席婚礼，则举座尽欢，参加洗礼，必被受邀为人教父，知有丧事，一定到场尽礼。他从来不突出自己，每到一个场合，他都会融入其中，并积极做自己能做的事情。他礼数彬彬，充满人情味，慷慨大度，乐见人之好，少扬人之恶。总而言之，陛下是国法之主，他是民心之君。"

……

王者，不是靠暴力，而是靠奉献。人，并不是因为智慧而拥有人缘，而是因为奉献而得人缘。一个能够给别人欢乐的人，自然能够收获更多，一个能为别人的幸福而作贡献的人，一定会获得更大的幸福。

亲爱的女孩，看完这些，你应该知道你到底该怎么做了吧？

网友亦真亦幻哪关情

网络是什么？网络是深潭，鱼龙混杂。堂堂七尺男儿，在网上可以变幻成一个娇滴滴的小女子，娴静似娇花照水，行动如弱柳扶风；明明是美艳可人的俏佳人，在网上可以立马横刀……这就是网络，因为它是隐蔽的，所以女孩子在与网友交往的时候，一定要谨慎，以防落入陷阱之中。

这是一个真实的故事：

一天下午，辽宁大黑山森林防火检查站的窗户被人敲响了，工作人员抬头看，只见一个浑身是血的女孩有气无力地站在窗外，用微弱的声音乞求着："警察同志快救救我，我被人打伤了。"

工作人员连忙报警，又叫来了120急救车，女孩被送进了金州区第一人民医院。由于抢救及时，女孩总算保住了性命。在女孩的病情稳定之后，民警很快介入调查，并获知了全部经过。

女孩是一名高中生，叫小易，她在网上认识了一个自称为"马永"的网友，两人聊得十分投机，小易是一个虚荣心很强的女孩，为了维护自己的面子，她谎称自己是富二代，父亲是一家大型企业的老板。对方显得十分热情，极尽奉承，还约她见面。

见面的地点本来是一处闹市区，但马永在见到小易之后，带着她转了一圈，就说："这里没有什么意思，还是到大黑山看雪景吧。"小易早就被帅气而温柔的马永迷住了，根本没有防备，乐颠颠地跟着马永去了大黑山。

没想到，就在他们刚进山区的静僻处时，马永就以看时间为由将小易的手机骗到手，并突然从背后用石头打倒了小易。小易吓坏了。这时候，马永已经露出了凶相，让小易拿出钱来。小易连忙掏出口袋里所有的钱，马永数了一下钱，觉得太少，就恶狠狠地踹了小易一脚。然后翻看小易的电话，给小易的父母打电话，勒索50万元，并威胁说："如果报警，我就杀了你闺女！"

可怜的小易哀求马永放了她，她说自己根本就不是富二代，她爸爸只是一名水管工，每天累死累活，却赚不到多少钱，为了贴补家用，她从初中就开始给一些杂货店打工。说着还给马永看自己手上的茧子，以示自己的确不是富人。

马永看小易的手的确显得很粗糙，气急败坏的他狠狠抽打小易，小易数次哀求想获得马永同情停止击打时，却得到了马永更加疯狂的伤害。为保全性命，小易倒地故意装死，她屏住呼吸，一动不动，马永打她的时候也咬紧牙关不吭声。马永一看，以为小易已经被打死，遂拿着小易的手机逃离现场。马永逃跑后，惊慌失措的小易才得以爬到路边森林防火检查站求助。

这样的故事时有发生，却仍然有一些对网络世界充满憧憬的女孩飞蛾扑火。究其原因，就是一些女孩子对于网络世界的朋友没有辨别能力，偏听偏信。而且，女孩子大多善于幻想，希望自己生活在美妙的童话世界。俗话说：人感觉最美好的可能是幻想，人感觉最残酷的可能是现实。当女孩子们在真实的世界中找不到这样的童话感觉时，就转而投身网络，网络的虚幻性恰恰满足了她们的这种需求，她们不愿意睁开眼睛去思考，而是任凭直觉带着自己走向更深的陷阱。

亲爱的女孩，醒醒吧，我们不可能一辈子生活在幻想之中，幻想有时候给我们希望，但是如果我们不走进现实来实现它，那么它就会变成毒品，除了毒害我们的神经之外，对我们没有任何帮助，所以不要过于依赖幻想。

对于网络上的朋友，我们与之交往大多为了满足两个需求：

一是对自身价值挖掘的需求。例如英语聊天群，这样就可以扩大你的交往范围，在更广阔的空间里，在更多的网友面前展现你自己的特长和价值，这比浪费时间和人“扯闲篇”要有意义得多。所以，我们需要网络上的朋友，网络的确给我们提供了便利，让我们能够在广阔的领域中找到志同道合的朋友，让我们能够不断开阔自己的视野，完善自己。

二是为了满足情绪发泄的需求。当累的时候，你可以随便找一个网友倾诉一下自己的心里话，这也是一种很好的管理情绪的方法。因为你们互不认识，你不用考虑是否会泄露自己的隐私问题，你可以随心所欲地说出自己的心里话，任凭对方对自己有好的或者坏的评价。而且，在你空虚无聊寂寞的时候，有一个人陪你说说话总是好的，不管说什么都没有关系，你不过是为了填满你的心。

在网络中，由于素不相识，比较容易敞开心扉，相对来说，思想感情的沟通比较容易，顾忌比较少，很容易产生心理的共鸣。在网络上人与人之间开始交往的时候有新鲜感，而且由于互相不了解，有一种神秘感，而且各自展现的都是自己美好的一面，是很容易产生好感的，感情容易迅速升温，容易产生美好、幸福、快乐的心理体验，尽管这种体验更多的可能是错觉或短暂的、不稳定、不长久的快乐。

但是，在和这样的朋友聊天的时候一定要注意一个细节，那就是不要透露自己的真实信息，以免被人利用陷害。这是最基本的网络交友常识，不可不知。

如果我们真的在网上找到了志同道合的朋友，那么我们就要对其负起责任。如果仅仅依靠热情和对对方的兴趣来维持，肯定难以持久，必须以一种对朋友负责的态度去对待，努力去维持，经常地联系，经常地问候和关怀，彼此及时沟通思想感情，维持网络友谊的持续发展。如果时机成熟，你也可以约以见面，但是一定要谨慎对待，最好带着你的朋友一起去见面，地点的选择也要谨慎，不要到偏远之地，以免上当受骗。

见到了现实生活中的网友之后，大约会有两种发展结果，一是和自己的最初感觉一致，于是两人的友谊加深；二是觉得和自己的最初感觉有些差异，需要进一步了解。

不管怎样，网友也和现实中的朋友一样，都需要经历两个阶段：一是考察辨识，二是经营管理。每一段动人的友情都附带着双方经营的苦心，所以付出永远是交友的良策。

总之，什么样性格的人会有什么样的朋友，很多时候，网友的性格品质能更真实地反映你自己的品质，因为你在网友面前不会有表达真实自己的负担。所以，你要学会经营你自己，经营你的友谊。那句话“你的朋友决定了你的水平”要反过来说：“你的能力决定了你的朋友的层次。”

刻意迎合他人 体验不到幸福

交友有一条重要的原则就是：不刻意迎合别人，不刻意疏远别人，尽自己的努力帮助别人，但是也要能留出自己的自主空间。

台湾著名作家刘墉在给自己儿子的书中这样写道：

隔壁海伦请你过去帮忙弄电脑文件，你说：“Ok！”

派特请你帮忙修一下电子琴，你说：“Yes。”

韩瑞叫你帮她去买一张张学友演唱会的门票，你说：“No problem（没问题）。”

你为什么从来不说：“No！”

那么我们到底该不该说“No”，在前面我们已经告诉过你“一定要懂得奉献，甘愿牺牲”之后，这个问题变得有些纠结了。到底是没有原则地说“Yes”，还是毫不客气地说“No”。解开这个

困惑，只需要回答一个简单的问题，有人想要杀死你而获得一种吸毒式的满足感，你是说“Yes”，还是“No”，很显然，你的答案是后者。不是你自私，即使是能够“舍身饲虎”的佛陀也不会说“Yes”，为什么？因为虎是为了活下去而吃人，所以“舍身喂虎”是在帮助虎，而想要杀死你取乐，这是一种吸毒，会让人的精神变得不健康，你满足了他只能说是你为他提供了毒品，虽然你牺牲了自己的性命，但实际上，你扮演的却是毒害人的角色。这样的角色，佛陀不会做。这样解释，你就应该明白如何面对朋友提出的要求了。

当然，还有很重要的一点，你需要维护自己的利益。因为当你总是对人说“Yes”的时候，你的内心会告诉你：这不公平，我感觉好累。在这样的心态下，尽管你做了好事，你还是会形成负向心态，这种心态必然会对你形成伤害。

而且，对于少女来说，正处于性格的形成阶段，需要有正确的自我意识，这种自我意识不是自私意识，即得知道自己是谁，此生的使命到底是什么。如果一味迁就别人，牺牲自己，不利于自我意识的形成，反而容易形成人云亦云的性格。

越是性格懦弱的女孩子，越容易去刻意迎合别人，为了那点可怜巴巴的友谊，她们忘了分析友谊的实质，也不知道这样做，是对自己的一种不尊重。

不可否认，就有这样的人，打着友谊的旗号，要挟朋友做这做那，如果不做，那么就用“不够朋友意思”来打击报复。细细思量，好朋友都相互尊重，哪有要挟的呢？受到要挟的友谊根本不能算是友谊。这样的友谊不要也罢。

可是女孩子小的时候是很难分清这些的，特别是对于自己渴求的好不容易得到的友谊，就更加珍惜，以为迁就就是经营维护的方式，这种想法是大错而特错。

小茶和沫沫是一对无话不谈的好友，她们从小就生活在一个小区，学校里也是一个班级，就连课外班，两人也是同来同走，她们永远有共同的话题。

可是随着年龄的增长，小茶变得越来越任性、刁蛮，处处想要压迫沫沫，动辄就对沫沫甩脸色，威胁要绝交。

那天，小茶和沫沫从钢琴教室出来后，沫沫就发现小茶的脸色不好看，沫沫什么也不敢说，默默地跟在小茶的身后。一会儿，小茶忽然气势汹汹地说："我特别讨厌那个莉莉，总是好显摆，她以为自己是最优秀的，哼，谁不知道她就那么一点能耐。"沫沫有些不解，她不知道莉莉到底哪里做错了。刚才的钢琴课上，老师表扬了莉莉，并让莉莉弹了一首曲子给大家听。

沫沫没有吭声，小茶一见莉莉没有反应，就回头瞪着她说："怎么？我说的不对吗？你难道没有看到莉莉那得意扬扬的样子？难怪有那么多人讨厌她，说她的坏话。"

沫沫从来没有听谁说讨厌莉莉，也没有听过有人说莉莉的坏话，当然，除了小茶。可是沫沫性格比较柔和，不愿意和小茶计较，不愿与她争辩。而小茶呢，每次说什么都会和沫沫争辩，直到沫沫同意自己的意见为止，这已经形成了一种惯性。这一次自然也不例外。所以，当她没有听到沫沫的反应时，就忍不住喝问道："你怎么不说话啊？"沫沫只好点头轻轻说了一句"哦"。小茶气狠狠地说："你就是个软蛋，莉莉都欺负到咱们头上了，还不知道保护自己！"沫沫心里一动，她很想说："我没有觉得莉莉欺负谁。"但是小茶根本就不听她说话，反而没完没了地诉说莉莉的缺点。但沫沫听来听去，无外乎说莉莉爱慕虚荣，好显摆，不把别人放在眼里。

说了一阵后，小茶气愤地停下不吭声了，按照以往的惯例，在小茶不愿意说话的时候，沫沫就去哄她开心，而且等着小茶对自己又贬又损。此时沫沫却没有反应，小茶急了，大声喝问道：“我说你是个软蛋，你还真是软蛋。二百五，一点维护自己的观念都没有，每次都是我替你操心，我这是何必呢！”说着还恶狠狠地推了沫沫一把。这一下，沫沫可火了，她忽然说道：“好，你说的，我不要做软蛋，请你现在放尊重点，不要欺负我！”

小茶愣了，她从来没有听过沫沫这样对她说话，她站在那里张口结舌，好半天才明白过来，她火冒三丈地说：“你说我欺负你？真正欺负你的人是莉莉，我为了维护你的利益，在帮助你，而你却说我欺负你，你还知道好歹不？亏我们还是朋友。算了，我没有你这样的朋友，我再也不要做你的朋友。可怜我如此对待你，给你好吃的，给你好玩的，别人欺负你的时候我站出来维护你。可是你……”这一连珠炮式的攻击之后，小茶头也不回地走了。

沫沫看着小茶的背影，开始有一种恐惧，她害怕失去这个朋友，她很想跑过去告诉她：“别生气，你一直是我的好朋友，你一直那样帮助我，我很感激你。”就像每次那样。可是不知怎的，沫沫在恐惧的同时，又有一种解脱的快感，虽然她从来没有想过，可是小茶给她的那种压迫感却越来越严重了。

每次，如果小茶想做什么事情，那么她就会以命令的方式通知沫沫，如果沫沫发表反对意见，那么小茶就说她根本就没把她当朋友，沫沫只得乖乖就范。

每次，如果小茶心情不好，沫沫就是她的撒气对象。

每次，如果小茶受到了谁的攻击，她总是拉上沫沫，说：

“我们受到了谁的攻击，我们得回击。”沫沫于是便甘心做小茶的枪子，冲锋在前。

……

现在，沫沫再也不想这样了，她觉得她不是小茶的朋友，而是她的傀儡，她需要的是友谊，而不是主人。

故事中的沫沫已经完全失去了自主性，在友谊的圈套里，把自己卖给了小茶。因此，沫沫才会有一种受压迫感，才会在小茶一再施压后终于忍无可忍。沫沫根本体会不到友谊应有的快乐，也无法感受友谊带给她的提高。

其实，沫沫已经开始觉醒，她的自我意识已经在遭受了重压之后有了反抗的意识，她已经开始为找回自己而努力了。可是还有好多如沫沫一样的女孩子，还在友谊的圈套中，刻意迎合别人，以失去自己为代价体会虚假的友谊的味道。

刻意迎合别人，不是奉献牺牲，而是无原则，更进一步说，只有没有思想的机器人才会一味执行外部的命令。

你是聪明活跃的个体，不能把上天赋予的思考能力抛开不用，你得学会思考，在和朋友交往的过程，既要维护自己的做人尊严，也要严格考察朋友，督促朋友改掉不良的习惯。

和妈妈才会聊起的敏感话题

童稚尚未退去，我们已经被时间推着走进了一个奇怪的地带。在这里，女孩变成了女人，女人的美，女人的痛，要一样一样地尝试，不容许错过。我们惊慌失措，对这种变化充满了好奇，却又感觉应付它有点力不从心。好在有亲爱的妈妈陪在身边，只是那些敏感话题如何才能开得了口。其实，你的羞，你的恼，你那淡淡的哀愁，你的妈妈都曾经经历过。只要你开口，妈妈就能读懂你的心，也能给你最好的指点。

平静对待异性的方法

虽然小时候，也和男生闹过“三八线”问题，可那时候对于男女之间的秘密还知之甚少，只是为了维护一种女性的尊严，才故意为之。可现在，男生的性别一夜之间有了一种超出神秘的现实意义，女生们开始慌乱起来，不知道该如何把握和他们之间的关系。

有一些女生，为了躲避“桃色”新闻，刻意把自己打扮成一个“铁三娘”的样子，在男生面前绷着脸，不苟言笑，仿佛自己对于异性毫无兴趣，自己是最最正义的化身。

另一些女生，则喜欢和男生打交道，嘻嘻哈哈，毫无分寸，像一个“疯丫头”，根本无视外界对自己的评论，她们可以蛮不在乎地说：“身正不怕影子歪。”可是到底她们心里是咋想的，就只有当事人自己知道。

小红和小绿在网上相遇了，她们除了知道对方是高中生外一无所知，不过这样的关系反而有助于她们吐露心事，这不，在小红打开心扉后，两人热火朝天地聊起来：

小红说：“我喜欢上了我们班长。怎么办？”

小绿一看，心里一动，立刻跟进，说：“我特理解喜欢一个人的感觉。”

“真的？”

“当然。”

“你喜欢谁？”

“你先说，我再说。”

“你说……”

“好，其实我也喜欢我们的班长。”

“啊，不会喜欢的是我的班长吧？”

“拜托，我的IP地址是浙江，你是黑龙江，虽然都是江，可却是不同的江。”

“呵呵，我好紧张。还是我先说吧。我与班长接触比较多，

开始我根本没有留意，可是后来我发现自己非常喜欢他。上课的时候，总想多看他几眼。放学以后，满脑子都是他的形象，以至于写作业时常常一个人发呆。班长喜欢打篮球，我就经常偷偷跑到篮球场去看他。躲得远远的，好丢人啊。”

“你完全有机会和他聊聊啊。”

“我哪敢啊。以前我们还说话，自从我发现自己喜欢他之后，在班里就很少和他说话了。我知道自己现在不应该有这种想法。我曾经努力忘记他，可是我做不到……”

“真是痛苦。”

“不说我了，你呢？”

“我啊……我的故事不好，我活泼外向，经常和男生一起玩。我们学校有一个著名的校草，是很多女生心仪的对象，但很少有女生敢和他说话。就因为我和他多说了几回话，同学们就戏称我们是一对。开始，我无所谓，反而故意要和他在一起玩，在一起聊天。可是渐渐地，我发现自己真的开始喜欢上他了。他的一举一动都会引起我的注意。现在，我整天为此心烦意乱。我想考北京大学，所以我如果继续和他交往下去，恐怕会影响学习。如何交往……”

“哎……看来是一样的问题。”

“你恐怕也不知道我该怎么办吧？”

“没错啊，我现在还是泥菩萨过河——自身难保。”

“不过，和你说说，我心里好过多了。”

……

这两名高中生在聊天中提出了每个青春期少男少女不可回避的课题——如何与异性相处。进入青春期后，有很多女孩子会像小红一样，不能原谅自己对异性的“想入非非”，却又忍不住描绘一种浪漫的动人情结。

其实，像高中生这么大的少男少女喜欢异性是人之常情，也是他们心智发育正常的标志。从医学角度说，进入青春期的少男少女体内同性激素含量激增。正是体内大量的雄激素（男）或雌激素（女），使得一个人产生了接近异性的需要和愿望，学者们称之为“性要求”或“性冲动”。这种想法不是错误、下流的，而是正常、健康的，它们像吃饭、睡觉、出生和死亡一样普通、自然。所以，没有必要把这当成一种耻辱。

如果一味压制自己的这种情感需求，反而容易患上心理疾病，比如异性交往恐惧症。患上这种病症的人一方面在潜意识里有与异性接近的强烈愿望，另一方面也因此有着严重的焦虑情绪，于是表现出在异性面前感到异常的紧张和恐惧的症状，有的甚至出现异性关系妄想等心理症状。异性恐惧主要表现为不敢与异性目光接触，更不敢与异性交谈，即使与异性交谈，也会面红耳赤，言语不清，一看见异性向自己走来，则全身紧张、流汗。

如果真是这样就糟了，其实没有必要为自己喜欢上男生而感到自责，与男生交往是青春的权利。青春期是一个美妙的时期，对友情的需求，对异性的好奇，加上浪漫的幻想，混合成一种不同寻常的情感体验，给了少男少女探索自己、认识自己新的经验和机会，不少学生从此展示出自己个人生活中最美好、最慷慨、最富有建设性的一面。

当然，这并不是说我们就可以任由“性冲动”来支配我们。如果要把“性冲动”变成一个人性格发育中的积极因素，就意味着它必须受到适当的控制。你要避免一种错误，那就是不要把这种对男生的好感当成成人常说的爱情。爱情是指经济独立、人格成熟的两个异性经过一段时间的交往，彼此有了深入的了解，从而建立起来的持久的亲密关系。处于青春期的你，人格还不成熟，性情尚不稳定，生活阅历浅，自我认识和对他人的认识和辨别能力还很薄弱，再加上终身职业尚未确定，你可能不了解自己未来的生活方式，当然也就不知道自己未来需要什么样的人做伴侣。而且，你和你喜欢的他都处于成长期，你们未来的变数很大，谁都无法保证过一个阶段后他还是你最初看到的他。所以，不要把这种朦胧的好感当作爱情的萌发，现在就匆忙地与某个特定的异性建立深厚的个人关系。

青春期的你与异性交往的目的，主要不是寻找恋爱伴侣，也不是找到那种被人宠爱的感觉，而是了解异性，学会与异性相处，并在这个过程中，培养友谊，发展自己。对于任何一个人来说，来自异性的认可会给人以信心，来自异性的鼓励比来自同性的鼓励作用更大。

而且，处于青春期的孩子，学习压力特别大，和男生交往，有利于缓解学习压力和青春发育带来的心理不适。就像心灵上突然打开了一扇窗子，我们还会在与异性的交往中感受到学习和生活的乐趣与意义。

一些和男生交往过——不是恋爱意义上的交往——的女孩子都有这样的感受，在和男生交往的过程中，对自己有了一种新的认识，还对自己提出了新的要求，希望自己变得更美好、更出色……

所有这些都在证明，你喜欢某个男生时，不必遏制自己与他交往。那么，怎样与异性相处才是恰当的呢？

第一，群体交往。

我们前面已经说过了，要积极参加集体活动，这里又为你找到了一个参加集体活动的理由。特别是当你喜欢某个男生的时候，往往不敢单独和他交往，这时候你可以通过集体交往来消除紧张的情绪。如果你性格内向，那么这样的群体交往反而容易让你不再那么紧张、羞怯，更容易自然地表达自己，这样有助于培养自己以平常心与异性相处。

当然，在这个过程中，你更有机会了解不同的异性，因为一个人在群体中的表现比他（她）在某个异性面前的表现更为真实，而且在群体比较中，你能更容易分辨一个人的品质和能力。

第二，浅交。

很多大胆而活泼的女孩子忍不住要和喜欢的男生进一步接触、交往。其实这样很容易对自己造成伤害，尽管对方可能是一个品质好的孩子。

不要一下子与自己喜欢的男生确定很深的个人关系。我们已经说过了，我们正处于变动的年纪，未来是不确定的，今天的好感很容易变化。特别是当你的好感只是一种幻想的时候，它的变化可能就会更大。但是你们已经开始了深入交往，这时候忽然撤退，对自己和对方都是一种伤害。

所以，在你对对方还没有充分的了解时，最好少和一位异性单独而深入地交往，而要多给自己一些机会了解其他异性。

总之，不管你是否有了喜欢的男生，都不要放弃和男生交往的机会，因为社会有一部分是由男生构成的，将来无论你做什么工作，都不可能只和女性打交道。只是在与男生交往的过程中，要保持平静，要保持中立，不要迷失自己，也不要为了维护女性的尊严而显得过于强势，只是自然而然地交往，就像和你的同性朋友一样。

初潮——从此女孩变成了女人

初潮是女人一生的一个重要里程碑，从初潮的那一天开始，女孩子就已经变成了一个女人。只是，很多孩子对于这个突然而至的信号充满了恐慌和怀疑。

12岁的小戏有一天忽然尖叫着从卫生间里冲出来："妈妈，妈妈，我得病了。我便血了。就像姑姑一样，我要不要住院啊，妈妈……"

小戏的爸爸妈妈听到她的尖叫声吓得不约而同地跑过来，可是听她这一说，爸爸笑呵呵地走开了，妈妈则拍着小戏的肩膀说："乖乖，妈妈都忘了把这事告诉你了。哎呀，我闺女长大了。"

小戏急了，说："什么跟什么啊？我病了，病了，可是你们居然谁都不管我。还说大了，长大了就可以不管我了吗？"

妈妈连忙把小戏拉进她的卧室，让她躺在床上等自己一会儿。妈妈到自己卧室找了一包东西拿过来递给小戏："去，把这个贴在内裤上。"

小戏忽然明白了，但是她不相信，疑惑地问道："妈妈？我也需要卫生巾了？我还没有长大啊？"

妈妈点点头，安慰她道："你已经长大了。不过，你放心，你永远是妈妈的孩子。”

初潮，又称为初经，是指第一次月经。代表少女的身体经历青春期的变化。初潮通常在胸部开始发育后两年出现。少女第一次来月经，是生理状况的一种信号，是青春期到来的重要标志之一。初潮代表子宫内膜受到雌激素刺激而发育了，也代表从子宫到子宫颈到阴道的“通路”打开了。

初潮表明卵巢已开始有了功能，原来在卵巢皮质中的成千上万个滤泡已逐渐开始发育成熟，身体的内分泌系统也开始有了功能，在下丘脑—垂体的控制下卵巢能分泌雌激素对子宫内膜产生影响了。

一般来说，当女孩生长发育突然变快，食欲增加（注意千万不要在这个时候不合时宜地要减肥），同时，其他青春期发育越来越明显，比如，乳房发育隆起，时有疼痛，阴毛、腋毛开始增加，颜面红润，这些现象应是初潮即将来临的预兆。

初潮有早晚，一般认为和遗传有很大关系。如母亲初潮早，女儿也会偏早；母亲初潮晚，女儿也可能偏晚。但这并不是绝对的，它还会受其他因素影响。东方女性初经的平均年龄在12～16岁，不同国家的统计略有些微不同，和饮食习惯、气候有关。

有一种很罕见的例子，是初潮出现得非常早，早于乳房发育和其他青春期发育。这种症状称为“月经早熟症”。诊断为此症状前必须先排除其他造成流血的可能原因。初潮在乳房发育后超过3年仍未出现，则称为“原发性无月经症”。原发性无月经症者，有约30%和基因异常有关，造成生殖腺机能较差或是生殖器官发育不全，在解剖学上有处女膜闭合造成无月经的状况。

如果女孩已过18岁仍无月经来潮，称为原发性闭经；女性过去曾有过正常月经，现停经3个月以上，称为继发性闭经（不包括因妊

娠、哺乳、绝经所致），这就需要检查身体的健康状况了，要检查是否有生殖道下段闭锁、先天性无子宫或子宫发育不良、卵巢肿瘤、脑垂体肿瘤或功能低下、内分泌或消耗性疾病。除此以外，月经的时间、量、伴随症状等的变化也是发现和诊断许多疾病的重要线索。

女孩子在第一次行经时，常常会有些害怕的心理，实际上只要知道这是正常的生理现象就不会恐惧了。其实月经对于女孩子来说不光是为生育做准备，还有其他的益处。

第一，增强女性肌体的造血功能。

月经引起机体经常性地失血和造血，这使得女性的循环系统和造血系统得到了一种男性所没有的“锻炼”。这一点在意外失血时体现得最明显，女性比男性能够较快制造出新的血液以补足所失血液。

第二，月经可避免过量铁的伤害。

有一种称为血色素沉着症的遗传性疾病，患者容易引发铁元素代谢失调，身体内会积聚过多的铁，铁过量会缓慢地导致皮肤、心脏、肝、关节、胰岛等处的病变，使各个器官“生锈”。医学证明，治疗铁过量的方法之一就是定期排放一定量的血液。而月经就能起到这样的作用。因此，血色素沉着症引起的器质性损害在女性身上出现的概率大大小于男性，甚至几乎不发生。也就是说，月经周期性的失血正好消耗掉了过量的铁。

初潮后，月经常常不规则，数月、一年才行经一次或出血不断，发生子宫“功能性出血”。这是因为卵巢功能还没有健全的缘故。病情严重时需补充雌激素，帮助建立正常的周期，一般待卵巢功能逐渐成熟后，月经就会正常。

初潮后，少女应该注意以下问题：

第一，经期应经常清洗外阴。

经期机体抵抗力下降，如果不注意清洁卫生，则极易引起细菌感染。据统计，初潮少女外阴瘙痒症的发病率为6.9%左右，其主要诱发因素就与经期外阴不清洁和手淫有关。

第二，初潮时应避免参与剧烈体育运动。

长距离骑车和跑步等，最好不要在月经期进行，以免过度疲劳导致抵抗力下降，诱发感冒等疾病。

第三，加强自我防护，使用优质卫生巾，千万不可为了贪便宜，而使用劣质产品，更不能用消毒不严格的普通卫生纸和草纸来代替。

第四，注意休息，保证充足睡眠时间，食用营养丰富、易于消化吸收的饭菜，这对增强体质、恢复精力大有裨益。

第五，避免接触冷水，注意保暖，不参加游泳等。

不但要注意以上几点，还要保持心情愉快。

总之，不要把月经当成负担，很多女孩子亲切地把月经叫作“大姨妈”，的确，“她”就像邻居的阿姨一样，只是隔一段时间过来串串门。如果“她”不来，那你的麻烦可就大了。所以，用一颗平常心对待“她”吧。

最羞涩的专辑：我们的性学堂

啊，来到这里了……

心跳？脸红？却又充满好奇？

羞怯一点没有关系，只要不躲避。

其实早在你很小的时候，你就已经接受了性教育。当然，那时候还是简单的性别教育。你的父母或者老师告诉你，你是女孩，和男孩不一样，你们不能进同一间厕所等，但是随着青春期的临近，你需要更新这些性知识，你渴望了解更多，因为你正处于一种迷茫的状态中。

著名的德国两性教育专家维斯赛姆尔博士认为：性教育要适当，轻则会影响孩子未来的人际关系，重则将导致对两性的误会，甚至发生伤害自己身体或是他人的憾事。那么，到了这个年纪，我们到底应该了解哪些性知识呢？别着急，慢慢来。

人的性激素在青春期发育前是静止的，直到青春期，性激素才促使身体里的雌激素或雄性激素的量大大增加，引起青春期的身体发育和心理发育。当性激素分泌的量达到一定程度时，人的身体里就会产生一种暗存的冲动，即我们前面所说的“性冲动”。

你大概有这样的体验，在路上见到一个帅气的男生，你忽然就像被定住了，一瞬间你的心就随着人家走了，不再属于你了。当然，不只“帅”是打动点，也可能是一种独特的气息，一个浅浅而真诚的微笑，甚至一个可爱的动作表情，都可能对你产生刺激作用，让你产生一种莫名的冲动。

由于现在的你思想还不成熟，还不能理智驾驭心里的那种朦胧的感情，而生理上，你已经趋于成熟，性冲动就会随之不断增强，这时候就会产生一种“性幻想”。性幻想是人类最常见的性现象（又被人俗称为意淫）。性幻想的内容五花八门，无所不包。每一个心智健全的人都会有这样那样的性幻想。只不过在出现频率、长短、内容、性质以及对待它的态度等方面存在较大的差异而已。

性幻想其实是一个人探索自己性感觉的安全途径，因为脑海里的想法是你自己能够控制的，这些幻想可以使你在不能与别人建立性关系的条件下感觉性快感或性高潮。但是女孩子对“性幻想”会有一种负担，认为自己堕落了，自己成了一个坏女人，一个必然要受人嘲笑的不要脸的女人。其实，没有必要这样给自己戴上枷锁，因为戴上这样的枷锁后反而让你更容易加深性幻想的频率。

但要重视自己的性心理保健。性本身并不是罪恶，但是青少年时期正是学习的时候，所以一定要学会理智控制好自己的行为，不要随便去尝试性。少女在处理问题时千万要谨慎，如果不能好好约束自己，受伤的就只能是你，而且一旦受伤，就是双重伤害，身体上的和精神上的。

所以，女孩子一定要学会保护自己，不要轻易尝试性。青春期的少女一旦怀孕，就必须到正规的医院接受人工流产手术。如果怀孕超过3个月，手术的困难性和危险性都会大大增加。流产不仅会严重损害健康，更可怕的是很有可能会造成终生不孕。

很多女生甚至不知道如何才能怀孕，就被迫和男生发生了关系。下面就简单介绍一下这方面的知识：生育的基础是男方提供精子和女方提供卵子。男性的精子是在睾丸的几百万条曲细精管内产生的。曲细精管的精原细胞经过多次分裂，最后形成精子。女性的卵子是由卵巢的原始卵母细胞发育而成。精子和卵子各自携带着父母的遗传物质，通过受精结合到一起，形成一个新生命。

男性青春期发育以后，睾丸便拥有持续不断的生精能力。成年人睾丸重10～20克，而平均每克睾丸组织每天可产生约1000万个精子。40岁以后，男性生精能力逐渐减弱，但并不会消失不见，一些身体健康的60～70岁甚至个别90岁的老人还具有生精能力。因此男性的生育年龄明显长于女性。

而女人从初潮到绝经的时间要短得多。在女性的胎儿时期，

卵巢内原始卵泡就已经形成，数目多达200万个。出生后大部分退化，到青春期剩下约3万个或更少一些。女性青春期发育以后，正常情况下，每一个规则的月经周期排出一个成熟卵子，有时为两个。直到绝经期，一个妇女一生约排出400个卵子，最多也不超过500个。因此女人的卵子发育起源于胎儿时期，形成于青春期，发育在育龄期，历时几十年。

不管怎样，生命是神圣的，当卵子和精子结合以后，就产生了生命。它应该是爱情甜蜜的结晶，而不应该是年少无知种下的一枚苦涩的青果。所以，少女要懂得自爱，也关爱别人。保护自己，也保护别人。

女生怀孕是意外伤害没能避免，有的是自己轻率无知造成的错误。在这个时候，斥责不是修复受伤青春的最好方法，怎样正确处理终止怀孕，并把伤害减少到最低，才是当务之急。

所以，你首先要知道什么状况表示你已经怀孕了。怀孕有一些基础的征兆：

月经停止。可能刚来初潮的女孩子，月经不太规律，但如果月经已经规律，到了该来的日子却没有来，而且和异性有过性接触，性交或者对方体外射精（精子可在体外存活2～3小时呢）就应该警惕啦。

其次，乳房在短时间变大，稍晚一点会有尿频、体温升高的现象。

怀孕后还会伴随其他诸如恶心、呕吐、腻油等症状发生。不同的人反应的时间可能不同，有的要怀孕3～5个月后才会出现。

如果真的出现了上面这些症状，自责已经无济于事，这时候要记住保持冷静，别害怕，首先应该向自己最最信任的人倾诉。你可以问问你的妈妈。虽然她知道后会震惊，会愤怒，会失望，但她不会真的厌弃你，依然会像之前那样焦急地帮助你解决问题。

少女怀孕通常最大的伤害不是身体上，而是精神上的，很多人感到恐惧，以为末日来临，不敢和任何人说，结果让孩子一日日长大。我们经常会从报纸电视中看到少女在路边或者厕所生下孩子然后抛弃婴儿的故事，让人既心疼又痛恨。

告诉你的妈妈，她会帮助你很好地解决这个问题。当然，你还要找一个医生，勇敢地去配合医生纠正这个错误。

这之后，你可能会需要一段时间才能修复身体和精神的双重创痛，不管怎样，你得给自己重新爱上生活的机会。这个世界会接纳你年轻时的任何错误，年轻让你还有机会重新来过，所以，即使在青春的路上曾经偏离了轨道，也要争取重新回到青春飞扬的轨道上来。要相信，无论前面发生过什么事，只要你真心改过，你的亲人、你的朋友都会欢迎你的，未来依然会为你展开灿烂的笑容。

总之，亲爱的女孩，爱护自己，珍惜自己，这是你的权利，更是你义不容辞的责任。

白带，伤不起

随着月经来临，女孩子们还得迎接一样东西，那就是白带。

小样最近病了，但又不知道得了什么病，她只好拉着同伴潇潇来妇科求诊。

当那位慈祥的中年妇女问小样感觉哪里不舒服时，小样一时不知该如何是好，她脸涨得通红，吞吞吐吐半天，也没有说明白，最后还是潇潇说是来看白带多的。医生不禁笑了，于是询问小样具体的情况。

小样去年开始月经初潮，先是稀少，过半年后才变得正常起来，每月一次，有规律地出现，但月经正常了，却出现了很多白带，黏糊糊的，粘在内裤上，很不舒服。小样在大街上看到很多广告牌上写着女性阴道炎怎样怎样，她怕自己得了阴道炎什么的，特地请了假来看病。

医生问道："是不是每天都有?"

"不是天天有，都是在月经中期出来，连续五六天的时间，然后就没了，至经前一两天又出现了。"小样已平静下来，她非常清晰地回答了医生的提问。

“什么颜色?”

“开始好像是透明的，像蛋清样，有两次有一点血丝。经前时像稀糨糊状，内裤上有白斑。”

“外阴痒过吗？”

“没有。”她摇头否定。

医生为小样做了妇科检查。外阴正常，没有引起白带增多的常见病，如外阴炎、尖锐湿疣等，只是阴道口确有一摊白带挂着，透明如蛋清。医生用卵圆钳夹取下来给小样看。医生是一个很有耐心的妈妈，她看到这个孩子因为不懂而害怕，一种母爱的冲动让她想给小样讲讲白带的问题。

医生将钳尖分开，原先夹着的白带竟被拉成丝状，至香烟长，仍不断。犹如打蛋时，蛋黄出来，蛋壳边缘仍挂着长长的蛋清丝一样。然后对小样说，这就是排卵期典型的拉丝状白带，一般发生于月经中期，提示她有排卵。

也就是说，这是正常的白带。小样一听，和潇潇欢呼雀跃起来，但她很快又停下来不解地问：“为什么以前没有呢?而且现在月经已经规则了，白带反而比不正常时多了，这是为什么?”

医生摇摇头，看来小样真的需要更多的知识来了解白带。

白带是女子从阴道里流出来的一种带有黏性的白色液体，它是由雌激素发育而形成的，是前庭大腺、子宫颈腺体、子宫内膜的分泌物和阴道黏膜的渗出液、脱落的阴道上皮细胞混合而成。白带中含有乳酸杆菌、溶菌酶和抗体，故有抑制细菌生长的作用。一般月经中期白带增多，稀薄透明；排卵后白带又变黏稠，混浊而量少；经前及孕期白带均有所增多。

青春期少女会经历一个月经由稀少紊乱变得规则的过程，当月经逐渐稳定后，卵巢功能就已经发育成熟。此时卵巢有排卵，每月一次，生育功能进一步完善。卵巢分泌雌激素的量也呈周期性增减。

月经期雌激素水平最低，随着月经的停止，雌激素水平开始逐渐上升，至排卵前一天，雌激素水平最高。在越来越多的雌激素刺激下，子宫颈腺体分泌大量蛋清样黏液，即为月经中期前后几天的蛋清样白带。

这时候的白带是由许多根极细的透明纤维构成，纤维纵行排列，形成“管道”，管道中充满水分，给精子游泳提供了便利。精子即由这些极细的“水道”上游，进入子宫颈管、宫腔，最后到达输卵管远端，与等在那里的卵子会合，受精发生，孕育出新的生命。

排卵后若无受精，雌激素水平短暂下降，使子宫内膜有小片剥离，引起经间出血，这在医学上被称为“排卵期出血”。此后，雌激素会逐渐回升，破裂剥落的内膜得以修补，排卵期出血随之停止。

也就是说，月经中期的蛋清样白带，是在为受精“铺路”，是人类繁衍后代所必需的。没有这种白带，精子就不能上行去与卵子相会，新生命就不能产生，人类将无法繁衍下去。

对于少女来说，月经中期的大量蛋清样白带是卵巢功能发育成熟的象征，是发育健康的表示，是大喜事，不是病症，所以，无须为其担忧害怕。那么什么情况表示已经产生病变呢？

如果白带的色、质、量发生异常改变，那么就要小心了，这在医学上被称为“白带异常”。出现异常白带总有原因，不同疾病引起的白带异常也不同，你可以简单了解一下：

一般来说，无色透明黏液性白带：外观与排卵期的正常白带相似，只是量多而已，常见于应用雌激素类药物后；

豆腐渣样白带：是霉菌性阴道炎的特征；

脓性白带：色黄或黄绿，如脓样，有臭味，这大多由感染引起，常见于阴道炎、慢性宫颈炎、子宫内膜炎等；

血性白带：白带如染血，应警惕宫颈癌、宫体癌等恶性肿瘤；

脓血样白带：为阿米巴性阴道炎的特征；

黄水样白带：多由于病变组织坏死所致，常见于黏膜下子宫肌瘤、子宫颈癌、输卵管癌等。

对于青春期少女来说，只要保持阴部卫生，一般不会发生什么白带病变，一旦你的白带出现异常，就要到医院去检查，请医生来帮你辨别。

穿戴文胸的常识

进入青春期的少女，就像是含苞待放的鲜花，最突出的一个变化当然就是胸前的花苞已经渐渐长成。可这最美的变化却常常让羞涩的女孩子们不知所措。

有的女孩子害怕别人看到自己胸部的变化，会故意含胸驼背，扭曲了正在成长的骨头，使得美的变成了丑的；一些粗心的女孩子不知道该如何保护自己的胸部，致使出现乳房畸形……在这样一个时期中，女孩子一定要懂得一些正确的护理措施。

青春期乳房的发育标志着少女开始成熟。隆起的乳房也体现了女性成熟体形所特有的曲线美和健康美，并为日后结婚生子、哺乳婴儿准备了条件。因此，保护乳房的健康是女性青春期卫生的主要方面。

关于保护乳房，有两点最主要的疑问：

第一，是否要穿戴文胸。

保健医生给女孩的建议都是少女不应束胸，因为束胸对少女的发育和健康有很多害处。但生活中为了防止乳房下垂，也为了身体健美，女人从十几岁青春发育期就开始佩戴文胸。实践证明，一直以女性闺中密友面目示人的文胸其实很容易成为女性健康的“杀手”。越来越多的女性因为文胸穿戴不适而让乳房受了伤，文胸已经成为乳腺疾病的重要诱因之一。为此，法国、美国这些崇尚自由的国度，还发起丢掉文胸的倡议。

而穿文胸对于少女来说伤害就更大，不光会引起乳腺疾病，还可能会引发其他疾病。

1.少女束胸时心脏、肺脏和大血管受到压迫，从而影响身体内脏器官的正常发育。

2.束胸会影响呼吸功能。看过《加勒比海盗》的人都记得，那个总督的女儿伊丽莎白因为束胸太紧而晕过去的场景。电影中伊丽莎白有一句台词：“难道说那些女人就不呼吸吗？”强烈地表达了反对束胸的心情。但是那个时候大多数的女人都意识不到这些，她们还生活在一个男权社会里，必须要按照男人世界里的美的观念来修饰自己。这种束胸的传统和中国裹脚的传统一样是一种最伤女人的糟粕习惯。

束胸的女人要变换呼吸方式，学会腹式呼吸。正常情况下，胸式呼吸和腹式呼吸两种呼吸动作协调配合进行，才能保证人体正常的气体交换。当束胸时，胸式呼吸无法正常进行，胸部不能充分扩张，肺组织不能充分舒展，吸入空气量减少，以致影响了全身氧气

的供应。同时，还会让腹式呼吸也变得很艰难。

3.束胸压迫乳房，使血液循环不畅，从而产生乳房下部血液瘀滞而引起疼痛、乳房胀而不适，甚至造成乳头内陷。乳房发育不良，不但健康受到影响，造成将来哺乳困难，还影响胸部的美观。

因此，青春发育期时能不戴则不戴，因为此时还不可能出现乳房下垂的现象，建议到15~18岁以后再戴。当然，你可以随时把乳房发育的情况告诉妈妈，以便及时得到必要的保健指导，妈妈会告诉你什么时候适合戴，还会告诉你选择什么样的文胸。

第二，佩戴合适的文胸。

佩戴文胸的健康原因就是防止胸部变形，那么胸部为什么会变形呢？

因为乳房由乳腺、乳腺管、脂肪和结缔组织等构成。由于乳房内

部没有骨骼和肌肉支撑，因此缺乏有力的支托，站着和坐着时，乳房都会因本身的重量作用而下垂，时间长了，会影响乳房的血液循环和发育，造成乳房松弛，导致乳腺管弯曲变形，影响乳房的外观形态和将来哺乳的功能。当剧烈运动时，乳房也随之发生较大幅度的震动，会使人感到极不舒服，严重的还可能导致血液循环障碍而诱发乳房疾病。所以，到了一定的阶段，就需要佩戴合适的文胸。

乳房发育基本定型后，少女就可以选戴合适的文胸。一般来说，少女在15岁左右乳房发育基本定型，但个体差异性较大，所以需要具体情况具体分析。你可以用软尺从乳房上缘经乳头量至下缘的长度来判断是否可以戴文胸，上下距离大于16厘米时即可穿戴文胸。

现代女性戴文胸十有八九都存在误区：大小不合适会让乳房长期受压、血液循环不畅；戴文胸时，习惯托着下乳房会破坏其自然状态影响新陈代谢功能；选用有钢托的文胸正好堵住了淋巴回流的部位；光图漂亮不看材质，使乳房长年处于密闭空间，呼吸不到新鲜空气。

为了防止出现上面这些情况，佩戴文胸时应该遵循以下几个原则：

1.尺码要合适。文胸小了束胸太紧，尤其是下围的钢圈又硬又紧的话，就会影响血液循环和供给，造成乳房缺血、痉挛，压迫乳房中的淋巴腺，使得在此处产生的毒素不易排出，引起乳腺增生。所以需要选用宽松的文胸，最好比自己乳房大一号。文胸背带要不窄于2～3厘米，也不能过短、过紧，要有松紧带或调节纽扣；运动时可以略紧一些，运动后放松；当然，文胸也不能过大，过大时，乳房在里面可以上下活动，这样同样也会导致乳腺增生。

2.戴文胸时间不宜过长，每天不能超过8小时，更不能戴着文胸睡觉。没事时可以多做做扩胸运动或者抬起上肢，促进血液循环。

3.选用棉质的。化学纤维的文胸透气性较差，容易诱发皮肤过敏。人活动时，文胸会不断摩擦乳头，文胸内的纤维细丝很容易从乳孔进入乳腺，时间一长，会堵塞乳腺和乳头，诱发乳腺疾病，出现乳腺导管增生等病症。

4.不同的年龄段选择更适合自己的文胸。青春发育期时能不戴则不戴。除此而外，胸部较大的女性，内衣肩带要宽一些，否则就会使肩部的承托力度不平均，加重肩背负担，长此以往会导致背疼或胸部下垂。

文胸不仅仅是一种装饰品而且是妇女必备的一种保健用品。由于少女体型不同，乳房大小也各不相同，必须选择尺寸合适的文胸、佩戴后要感到舒适而又无紧束感。还要根据身体发育成长中的胖瘦变化，随时更换文胸。总之，胸部美和健康对于女性来说十分重要，希望你从穿戴文胸开始就要学会保护自己的乳房。

学会呵护自己的身体

大多数女孩子在5岁左右时就已经懂得了女人的完美体形这回事，这倒不是她们的内部基因所致，而是社会文化对她的熏陶。由于父母会经常谈论女人的体形，所以她才对此格外关注。

到了9岁，女孩子们对身体已经有了明晰的认识，并开始挑剔地注视自己的身体，审视着它的尺寸。到了青春期，由于荷尔蒙变化，

女性的身体自然围度（尺寸）会出现更大的变化，女孩子经常会有这样一种错误的感觉，身体已经变成了令人讨厌的、可恶的、丑陋的“肥胖”，或者是已经不是少女应该有的那种纯粹的美丽。这些想法会严重影响女孩们的自尊心和自信心。有很多女性就是因为对于青春期自己的身体感到厌恶，才对自己产生厌恶，于是变得非常自卑，做什么事情都畏首畏尾，不敢展现真实的自己，影响了一生的发展。

这当然不能怪你，要知道从童年开始，你从成人的谈话中、从广告中，从媒体杂志上，就已经对女人身体产生了一种严格的形象要求，这反而使你忽略了自然形状、气味、颜色和体形。当然，美是没有错的，但是并不是只有标准的瘦身材才是美，成长中的女孩，身体的每一部分都是美的，千万不要不尊重自己的身体。

有一位美国家长说：“我的女儿经常高度紧张。在她十几岁的时候，就经常会限制自己的饮食，这使她得了厌食症，我差一点失去了她。我真的不懂她在做什么，我一直在想，我到底做错了什么？我从来没有给她灌输减肥的观念。我自己很胖，但我从来没有动过念头减肥，我一直认为我这样很好。而我的女儿，她一直是个漂亮的小孩，身体体形也很标准。但是，在她14岁以后，她就看不见这些了。后来我才知道很多孩子都认为她身材非常标准，这本来是赞誉，却对她形成了巨大的压力，她必须要通过不吃饭来保持这样完美的体形。后来，医生告诉我们说，她正在慢慢地把自己饿死。我们吓呆了。谢天谢地，我们及时发现并找到了人来帮助她。”

美国的一些教育家认为，很多人对女性只是以物来定义，即格外看重女孩子的外貌，而不注重其内涵。在这种价值观的影响下，还没有辨识能力的女孩子会自然地给自己一个严苛的身体体形标准，并力图让自己完成这个指标。

但是这样的女孩子通常会因为把精力都浪费在外形的雕塑上，而失去了培养内涵的机会。随着年龄的增长，这些女孩子还会对失去的青春以及肌肤弹性的不再感到恐慌，不知所措，变得极度空虚，不知道该用什么来弥补。这就是用别人的标准毁掉了自己的一生。

在现实社会中，男人过多地看到女人的物性，社会文化和营销文化都在标榜女性的物化美，女人自身也就跟随潮流而动，正在成长中的女孩子受到这种文化氛围的重磅轰炸，也扭曲了看待自己身体的方式，不是走进自卑的低谷，就是爬上自信的巅峰。

我们当然强调女孩子的美感，但是这种美是全面的，是一种“气场”上的美感，说白了，无论你穿着什么，身材如何，脸形怎样，只要你往那里一站，就不由得让人要多看你几眼。这种美应该是性格美、气质美，是一种由内而外散发的芳香。

当然，这并不表示你要忽视你的身体、身形，一般来说，女孩子的自信是从爱自己的身体开始的。但女人的身体是内涵的载体，没有身体就无所谓内涵。你应该意识到，人体远不只是一些功能作用，还是一个生命实体，而且有它本身的功能。

《少女灵修书》的作者梅姬·阿贝蒂曾经讲过这样一个故事：

在一次芭蕾舞表演中，领舞女孩忽然来了月事。她穿着紧身的白色衣服，腰上系着衬裙，看上去纯洁无瑕，之后，一股血顺着她的腿流下来。那时候，所有的观众都大吃一惊，有的女人甚至发出一声惊呼，并蒙住了眼睛不敢看接下来的事情，可是这个女孩是第一次上台，她不愿意屈服于羞耻感或难堪的感觉而失去这样一次锻炼的机会。她继续跳下去，完美地展现了芭蕾舞蹈应该有的韵律美。当她跳完的时候，她准备接受一场嘲讽和谴责，但是让她感到惊讶的是，全体观众起立，对着她大声呼喊，一些女人甚至激动地哭着说："孩子，好，做得好。你应该这样做！"

梅姬说，那表明一个少女自身爆发的能量，那不需要受外界的"羞耻感"的约束。但是对于中国的女人来说大概很难接受这样的故事。一些女孩了，会对诸如"白带"或者"经血"之类的女性分泌物感到厌恶，会排斥女性的这种身体变化。其实，这种心理会让女性变得焦虑，并开始否定自己。

其实，这是一种正常的心理变化，就像是月有阴晴圆缺一样，但是无论是满月还是残月都有一种自然的美。假如你能够以欣赏的眼光看待自己的身体，那么你就能与自己的身体融为一体，能认真倾听身体的声音，能了解身体的喜怒哀乐，及时发现身体细胞的好的或者坏的变化。反之，如果你否认身体的完美，阻挡人体的本能，那你就会觉得自己的任何表现都差强人意，因为那是由你这个身体表现出来的，那你就永远处于焦虑不安中，无法发展健全的价值观和人生观，也没有精力去挖掘自身更多的潜能。

有一些女孩子，会在青春期出现性冲动后，开始虐待自己的身体，"手淫"、出现性行为等。那么这是不是倾听身体声音的反应呢？的确，身体发育了，出现性冲动是非常正常的现象，是身体的自然需求。但是，这种需求是一种假象，就像是你看到糖果时想要流口水一样，是一种受外界诱惑的反应，而不是真正的像口渴需要喝水那种自然的需求。

如果你服从了这种身体的需求，那么只能说明你对自己的身体不够尊重，你不善于管理自己的身体，你不愿意给身体最好的选择，而宁愿服从那些受外界诱惑的欲望。这对于你来说真是一点好处也没有，只会让你变得一团糟。

你的身体和思维是一个不可分割的整体，身体与他的各个部分，思维与他的各种能力，精神与灵魂以及它们的潜力，共同组合塑造了你这个人。当你体验对于自己的身体真正的关怀，就会发现各个部分都与整体关联着，各个部分和其他部分也互相制约。就像是齿轮，必须相互咬合、制约前进，单个部分的自由只会让整个机械毁掉。

意识到自己的身体及其需求，还有身体各部分之间的关系，这听起来像是很难完成的一个任务，可实际上事情并没有那么困难。只要关注每一个部分，疼惜每一个部分，爱护每一个部分，协调每一个部分，时间久了，你会发现你的身体非常愿意承载你这个优秀的灵魂，你会觉得周围的一切都是和谐安定的，是积极向上的，这自然会给你营造一种进步的氛围。

最重要的，你不会无所顾忌地奉献你的身体，完全以不尊重自己的方式。你会看到，你是一个独一无二的人，是一个有价值的人，是一个完整的人，完全值得你给予自己全部关照。

青春期保健我知道

没有人喜欢生病，可是对于青春期的孩子来说，特别是女孩子，她们经常会自作主张地虐待自己的身体，以摧毁自己的身心健康为代价，来满足自己对美的需求。这其中以减肥为虐待身体之最，除此之外，还有穿孔、文身等问题，美不见得美，但健康却被折腾没了。

青春期是身体发育的一个特殊时期，此时身体急需要补充养料，女孩子一定要注意这样一个原则，健康是第一重要，美是其次，要知道，健康是美的第一要素。就像早开花的树结不了好果一样，早做美的修整的女孩，难以享受健康幸福的生活。你想，身体发育都停止了，还谈什么健康，谈什么美，谈什么幸福呢？所以，从现在开始，你就要树立一个观念，做好青春保健。

所谓青春保健，是指月经初潮到性器官发育成熟的时期，包括肌体、精神和性行为方面的变化的一种健康保护性措施。具体说来，包括以下几点：

第一，不要无故减肥。

除非你太胖，医生建议你减肥，否则别轻易就做出减肥的决定。

第二，不宜拔眉描眉。

眉毛有阻挡汗水、尘埃和保护眼睛的作用。处于青春期的女孩眉毛尚未完全生长发育齐全，这时拔眉和描眉等于除掉眼睁屏障，使尘埃、细菌无遮拦地直落眼眶，易患眼病，影响视力和学习。而且拔掉眉毛对眼眶周围的神经末梢是一种恶性刺激，会引起眼肌运动的失调，造成眼眶周围皮肤松弛，容易出现皱纹和眼睑下垂，影响成年后的容貌美观。

第三，不宜穿耳孔。

爱美的女孩子在很小的时候就要扎耳戴坠。但实际上少女的耳朵娇嫩，这时扎耳戴坠可造成人为的耳外伤，还有引菌入体造成感染化脓或引起破伤风的危险。据报道，阿富汗的喀布尔市，有16%

的破伤风病人是由扎耳引起的。

第四，不宜穿高弹裤。

高弹裤紧裹裆、臀和大腿，通透性差，影响血液和淋巴循环，妨碍关节伸屈和身体正常发育，且极易造成少女外阴炎，出现外阴瘙痒、疼痛、红肿，因搔抓可使阴部表皮呈弥漫性溃疡，排尿后痛痒更甚，腹股沟淋巴结因感染而肿大、疼痛。

第五，不宜束胸。

我们前面已经说过，不再赘述。

第六，不宜浓妆艳抹。

人体全身的皮肤共有汗孔2000万个以上，每天由汗孔排泄大约1.5万粒体内废物。少女浓妆艳抹脂粉，无疑阻塞了体内废物的排出，这样不仅影响体温调节，还容易造成“化妆品斑疹”，影响面肌发育和健美。

第七，不要久坐。

久坐不但无法保持好的身形，还会影响健康。所以，不要久坐。你可以一边看电视一边做些简单的运动。每天沿楼梯上下200梯左右，这样能让你保持精神焕发。饭后要运动15分钟，先收拾餐桌、洗刷碗碟，然后再干点其他的家务活，坚持饭后运动15分钟。

走路要注意挺胸，散步时注意挺起胸膛走，这对保持体形十分有效。如果平时走路也这样，就能消耗掉多一倍的热量。

第八，不宜穿尖头高跟鞋。

少女脚趾软嫩，长期穿尖头高跟鞋，不仅挤压摩擦脚趾，还会引起脚病。这种脚病，医学上称为高跟鞋跖痛症。常年穿高跟鞋，足弓抬高、加大，走路时足尖被迫挤压向前方，致使和跖神经伴行的血管管壁增厚，形成局部血栓，引起足跖神经缺血、变性，或形成嵌甲，疼痛难忍，年老后脚病更多、更重。

第九，不宜用激素促使乳房发育。

有的少女嫌乳房小，而服用雌激素促使乳房发育，虽有暂时作用，但滥用雌激素不仅容易引起恶心、呕吐、厌食，还会导致子宫出血、子宫肥大、月经紊乱和肝、肾功能损害，时间一长，会使乳腺、阴道、宫颈、子宫体、卵巢患癌症的可能性增加。

当然也不宜长期使用健美丰乳膏。涂抹健美丰乳膏虽然会使乳房丰满、增大，但其和激素一样，长期使用可引起月经不调、色素沉着、皮肤萎缩变薄，还可使肝脏的酶系统紊乱，胆汁酸合成减少，容易形成胆固醇结石。

第十，不宜长期用一侧牙齿咀嚼食物。

长期使用一侧牙齿咀嚼食物容易造成一侧牙齿劳损，面部发育不对称，损害健美。

第十一，要保持乐观的心态。

保持良好的情绪，经常笑口常开，对青春期的发育也具有一定的促进作用，因为笑对增强免疫系统有奇效，既能消耗热量，又能调节心情。很多绝症患者就是因为特别坚信一切都会好起来，所以他们真的迎来了康复。所以，你要学会保持乐观。坚信你能改变目前的糟糕情况，使之向好的方向发展。

如果糟糕的情绪经常出现，就会变成一种习惯，人会变得狂躁、压抑，不安定，所以要学会控制不良情绪。

第十二，经常参加社交活动。

擅长交际的人比孤僻的人生病的概率少一半。女性一定要多与身边的朋友交往，尽可能地扩大自己的交际范围。

总之，青春期时女孩的身体迅速增长，中枢系统及下丘脑亦随同迅速发育成熟，我们要顺势而为，给身体补充充足的能量，而不要阻碍身体的成长。

女孩生活点点通

生活是一本非常复杂的百科，饮食、休闲、养生、时尚等，处处都是学问，每一种课题里面都包含着非常繁杂的内容，是女性一生都要学习的知识科目。尽管生活充满了各种困扰，但聪明的女孩还是爱从审美的角度去发现生活，享受生活。培养发现美的眼睛，创造美的激情，留住美的能力，你就能打造完美生活。

如何呵护那顺滑如丝的秀发

还记得《木兰辞》里的“当窗理云鬓，对镜帖花黄”吧？抑或是司马光的《西江月》里的“宝髻松松挽就，铅华淡淡妆成”？女人的秀发，也成了诗人们吟诵的对象，成了女人的形象特征及表现女人美的一种形式。

当然，这种美不是“风鬟雾鬓”的物化之美，而是一种健康的美，那种“乌润的长发披肩”的意境，更多的应该是一种得到呵护的幸福感。天生乌润的秀发难得，但只要你日常洗护做得到位，同样可以得到一头顺滑如丝的秀发。

但生活中，大多女孩子不知道该如何打理自己的头发。头发看似柔韧，实则非常脆弱，一个忽略的细节、一个错误的步骤都有可能损害秀发健康。那么，该怎样呵护你的秀发呢？

第一，正确的梳发方法。

梳发还有什么方法吗？一些粗心的女孩子拿起梳子就奔了头皮，一点也感觉不到发根里迸发出来的恐惧。其实，“梳适”才能舒适。梳发是保持美发不可缺少的日常修整之一。梳发不但可以让头发变得整齐、去掉头皮及头发上的浮皮和脏物，而且可以给头皮以适度的刺激，以促进血液循环。头皮的血液循环反过来能使头发柔软而有光泽。怎么梳发最好，具体说来，包括以下几个部分：

1.对梳子有一个严格的要求。选择梳子应从实用的目的出发进行选择。

①发雕梳：发雕梳不易拉扯头发，在塑造发型的时候，将有营养作用的饰发品涂抹在梳子上，再传递到头发上，可以达到消除毛躁、均匀亮发的作用。

②九排梳：九排梳的“九排”是一个泛指，指梳齿多排并列的梳子。大多数人日常使用的都是这种梳子，这种梳子能穿透较厚重的长发。如果头发微卷，各处厚度不均，九排梳梳齿下垫着的塑胶软垫能灵活顺应头发走势，防止扯断头发。

③鬃毛梳：用柔软鬃毛制成的梳齿，可以减低梳头时与头发之

间的摩擦力。除此而外，梳子上的鬃毛不但可以扫落灰尘，也有助于将头皮上的皮脂带到发身。其实，头皮脂是头发最佳的天然护发素和饰发品，所以使用鬃毛梳护理秀发会更便捷一些。

洗发之前或大风的天气里，梳拢披散的头发时，使用粗纹的动物毛制作的刷子最好，既不会伤害头发，又能对头皮起到按摩作用。

④阔齿梳：发齿间距为1厘米左右是阔齿梳的标准，湿发时梳头最容易扯断头发，此时适合使用阔齿梳。

⑤大板梳：大板梳有梳通和按摩的作用，适合在洗发前使用。头发被充分梳通，洗时才不容易掉头发。

⑥圆铝梳：圆铝梳的特点是筒身是金属质地，且镂空透气性好，散热快。发筒上的细孔设计，有助于空气透入发间，制造层次感。

⑦按摩梳：这是很受女人欢迎的一种梳子。圆鼓鼓的形状，有许多梳针气垫，用于缓冲梳头时的力道，可以用来按摩头皮，促进头皮的血液循环。

2.选择正确的梳拢办法。首先从梳开散乱的毛梢开始，用刷子毛梢轻贴头皮，慢慢再旋转着梳拢。用力要均匀，如用力过猛，会刺伤头皮。先从前额的发际向后梳，朝相反方向，再沿发际从后向前梳。然后，从左、右耳的上部分别向各自相反的方向进行梳理，最后让头发向头的四周披散开来梳理。

第二，如何洗发。

有人认为，勤洗头会伤头发，是不是这样呢？清洁头发本身并不是一种伤发的行为，因为头发的结构不会因为清洁而受损。那么洗发频率该是多少才合适呢？一般来说，应该是一周2~3次最好。

头发上的脏物是引起头皮过多和脱发的一个原因，有碍于头发的正常发育。而洗头的目的就在于洗掉头皮和头发上的污物，所以，要保护好头发，需要清洁，但洗发也需要注意很多问题：

1.洗发时间。早上和晚上洗都不好，因为早上刚起床，血液循环还没有恢复到正常水平，血液运行比较缓慢，此时洗头由于头部皮肤比较敏感，水的刺激会突然使血液循环加速，这会令头部感觉不舒服，出现头痛等症状，特别是在冬季，早晨洗头后出去上学，被风一吹还会着凉。

晚上洗头也不好，由于晚上的空气湿度比较大，头发不容易完全干燥。由于头部在睡觉的时候，其皮肤紧贴枕头，无法通风干燥，如果你顶着一头湿发入睡，水分只能依靠人体体温蒸发，不断侵蚀头部皮肤，引起头部皮肤不适。

所以，洗头一般在午后进行比较好。如果你因为上学的原因没有办法在中午洗，那么早晨洗要注意保暖，晚上洗要把它晾干再睡。

2.按摩。按摩可以刺激皮肤，促进血液循环，调节脂肪分泌，解除头部疲劳，有助于头发的发育，保持头皮的健康；对于预防头皮过多和治疗头皮过多症也是极好的措施。

洗发前先把头发梳通很重要，梳理可以促进头部皮肤的血液循环，减少洗发时断发，是养护头发的好方法。

按摩时，第一次将洗发剂涂在头发上，用手指肚像按摩似的揉洗。特别是头的表皮层，易被皮脂和汗液弄脏，应仔细揉洗。第二次用第一次洗发剂用量的一半进行清洗，洗好后用清水反复漂洗，直至头发上彻底没有洗发剂为止。

3.让湿发自然风干还是用吹风机吹干。让湿发自然风干从某种程度来讲也不能很好地保护到头发，但相比较而言用吹风机吹干头发则会更加伤发。所以，在吹发时，不需要把头发完全吹干，基本上吹到八成干即可。

4.头发爱出油是不是缺水的表现。其实，头发本身并不会出油，之所以会感觉到头发上有油，是因为头皮上的油脂渗出，黏附在头发上。将4滴薄荷精油加入10ml洗发水或护发素中。薄荷精油有深层清洁与抑制皮脂过度分泌的功能，经常使用可改善头皮出油的问题。

5.洗护产品需不需要时常更换。一些人认为经常换洗发水好，另一些人又认为不换洗发水好，那么到底什么是对的呢？其实，根据自身的需要进行调整是最合理的方法。你可以根据自身的发质状况，挑选适合自己的洗护产品，搭配使用不同品牌的明星产品也不失为一个好方法。

第三，头发的养护。

1.柔软纤细头发的保养。柔软的头发不但纤细，而且没有弹性，呆板而不蓬松，不容易做发型，做出来发型也不容易持久。而且这种头发如不经常加以修饰，头发会变干、发红、易受损伤。这种发质的养护方法就是经常擦用护发油，以防止外来的刺激损伤头发。平时，可擦些化妆水来防止头发干燥，吹风时要控制好吹风机的温度，能不选择吹风的形式就不要吹风。

2.粗、硬头发的保养。这种头发相对健康一些，但缺乏柔性，同样难以修饰。粗、硬的头发保养时要注意：吹风成型时要不断地喷洒药用化妆水，平时最好经常擦些头油以保持美丽的发型。当然，作为学生，你最好少做头型，一来没有时间打理，二来做头型的药水对头发的损伤非常严重。

3.护发素的使用。护发素是要收紧毛鳞片，不是关闭。因为收紧后头发才不会容易受损。头发需要通风，因为头皮会分泌油脂，会产生异味，但不是需要呼吸。使用护发素不需区分发质，所有的头发都一样，需要护发素。

护发素的使用方法：洗发后在离头皮5厘米~8厘米的头发上使用，无须抹到发根！在头发上停留1~2分钟，冲洗干净即可。

4.头皮瘙痒的防治方法。一般来说不经常清洗会引起头皮瘙痒，所以要及时清除头皮的污物，保持皮肤清洁。当然还有一种可能，那就是脂性头皮。因头皮的皮脂分泌过多而会产生头皮瘙痒。对于这种皮肤，可以根据医嘱进行呵护。

对于干性头皮来说，由于皮脂分泌减少，头皮干燥引起头皮发痒。因此，保持头发的清洁是防治头皮瘙痒的基础，除此以外还要补充油分防止干燥。

5.易断易分叉头发的保养。头发为什么会分叉呢？就是因为养分不够，或者外部刺激过多，比如烫发。要保护好头发，首先要防止外部刺激，应在头发表面涂一层薄薄的油膜（护发素也是一种油膜，还有焗油膏），这样可以起到保护头发的作用。给头发涂油膜，必须洗发后进行。洗发时不要将头发揉搓在一起，以免损伤。

用刷子梳拢时，不要马上从头发根部开始，应先将发梢散乱的部分梳开后，再从根部开始拢。除此而外，还要经常修剪，也可避免头发分叉。

看似简单的洗头、梳头原来也有这么多的学问，看来生活还真不是简单的表面现象，一切都不能想当然。

不管怎样，通过上面这些文字，你应该学会如何护理自己的头发了吧。当然，要想对自己的发质了解得更多更准确，你可以在理发的时候询问专业理发师，他们会给你更多更好的建议，而且会是最适合你的。

青春美丽“痘”，让我不美丽

虽说“青春总是美好的，偶尔的‘痘你玩’也是一种调剂”，但正面遭遇青春痘的袭击，没有一个女孩子会潇洒得起来。青春痘既是青春的“名片”，也是岁月的“刀片”，不经意间可能就会在美丽的脸庞留下难看的疤痕。

而且，据对一些过来人（20~30岁女人）的调查，那些青春期被“青春痘”黏上的女孩子，通常会有严重的自卑心理，这种心理阴影一直要蔓延到长大成人之后才会随着职业的发展渐渐康复。为什么会这样呢？

严重的青春痘已经不是一种青春的标志，而是一种疾病的象征了。它被称为“痤疮”，是美容皮肤科最常见的病种之一，更准确地说，青春痘是由于毛囊及皮脂腺阻塞，发炎所引发的一种慢性炎症性皮肤病。让我们来慢慢了解这种让人不美丽的“美丽痘”吧。

第一，引发这种病症的原因是什么呢？

1.内因：内分泌功能失调，雄性激素分泌增多或相对增高，刺激皮脂腺肥大增生，分泌油脂量增多。

青春期脑垂体前叶分泌激素，激素能促进性器官的发育，另外，肾上腺皮质在青春期也起作用，这两种腺体被刺激生成大量的类固醇类激素进入循环系统，促进了人体的发育甚至包括毛发的生长，同时对痤疮的生成也起到一定的作用。痤疮生成不能离开激素而存在，极少量的激素即可刺激皮肤腺过度生长及分泌。

2.诱因：

①大便干燥、便秘、清气不升，浊气不降，致毒气上升，毒素上泛，口舌生疮、牙龈肿痛、声音嘶哑，皮肤油腻，诱发痤疮，脂溢性皮炎，脂溢性脱发。

②偏嗜麻辣、油腻、海鲜、油炸等类食品及烟草者，均可刺激皮脂腺肥大、增生，分泌大量皮脂，诱发痤疮。

③药物因素、化妆品及皮肤护理因素等，都可能会引发青春痘。长期滥用化妆品，刺激皮脂腺、加速毛囊角化和堵塞，从而诱

发痤疮。

④神经精神因素。如情绪亢奋、精神紧张，易导致皮脂腺分泌旺盛，从而诱发痤疮。

⑤个体因素。如月经不调、工作劳累、休息欠佳、青春期、不当的皮肤护理和皮肤病治疗以及不注意皮肤生理卫生。油性皮肤的性质也决定了青春痘的生成。

3.男女长痘的不同原因：

男孩和女孩长痘的原因无论是解剖结构上还是生理功能上都有显著的不同，这决定了选择的治疗方法也有所不同。这里需要了解一下女性成痘的原因。女性毛发少毛孔小，肌肤油脂分泌量比男性小，不易沾污物，感染机会相应少一些。但女性肌肤比男性肌肤更脆弱，还经常会因为月经等内脏器官的生理变化向肌肤输送信息，激发皮肤的反应，所以女性生理期容易反复长痘。

第二，如何防治青春痘。

1.要保持愉快的心情和规律的生活，因为情绪不良生活不规律会引起或加重痤疮。要保持充足的睡眠，避免肝火上升，造成荷尔蒙失调。

2.注意饮食，“四少一多”，即少吃辛辣食物（如辣椒、葱、蒜等），少吃油腻食物（如动物油、植物油等），少吃甜食（如糖类、咖啡类），少吃“发物”（如狗肉、羊肉等），适当吃凉性蔬菜、水果，也防过量后引起胃病。

另外，养成每日早起排便的习惯，多运动，作息正常，或是多喝优酪乳来改变肠道的易菌生态。

3.生活方面：最好不吸烟，不喝酒及浓茶等，活动性、炎症性痤疮（如丘疹、脓疮）患者要少晒太阳，避免风沙，太冷、太热、太潮湿的场所也对痤疮不利。

没事不要用手去揉搓你的脸，因为手上不但容易携带细菌，还会因东西的触碰而刺激产生不必要的痤疮。

4.清洗方法。一旦患上“青春痘”，就要学会正确的护理方法。晨起和睡前交替使用中性偏碱香皂（如力士、夏士莲香皂）和仅适合油性皮肤使用的洗面奶洗脸。在洗脸时，用双手指腹顺皮纹方向轻轻按摩3～5分钟，以增强香皂和洗面奶的去污力，然后用温水或温热水洗干净，彻底清除当天皮肤上的灰尘、油垢。

5.不要用手挤压痘痘，以免引起化脓发炎，脓疮破溃后形成疤痕和色素沉着，那可就真的不美了，而且是永远的不美。

未经消毒的皮肤和手指器械、不专业的手法、不正确的判断痘痘的程度，很容易在挤压痘痘的时候伤及真皮层，留下的凹洞（永久性的）和色斑会成为终身消除不去的遗憾。这里教给你一个小方法。

当面部新出现一些“青春痘”时，打一盆热水，把经洗面奶净面后的脸置于升腾的蒸汽中，而后用大毛巾包裹面部3分钟，促使毛孔打开，再用事先以75%酒精棉球消毒过的医用注射针头（5～7号）的针帽或粉刺器柔和地挤压粉刺边缘的皮肤，即可将粉刺挤出来。这种方法不易损害附近皮肤，不致留下疤痕。

6.脸上已有痤疮时也要注意防晒，尽量不要晒太阳。有的人以为将脸晒黑就可以掩饰脸上因痤疮而引起的红点，其实这是错误的，晒太阳不但遮盖不了红点，还会有反效果，会让痤疮恶化，如在海边或是游泳，不但紫外线强，池水对于有痤疮的皮肤也是一大负面刺激。

7.如果脸上已有痤疮，就要避免使用粉底、化妆品。有的人想以粉底来掩饰，这样反而造成反效果。

第三，痤疮食疗法。

痤疮的治疗在以药物治疗为主的基础之上，如果能够辅以以下食疗，对于预防、快速促进症状消失，加快病患治愈具有非常好的疗效。

1.绿豆薏苡仁汤。这种汤适用于油性皮肤。

绿豆、薏苡仁各25克，山楂10克，洗净，加清水500克，泡30分钟后煮开，沸几分钟后即停火，此时不揭盖，焖15分钟之后则成。当茶饮，每天3～5次为最好。

2.果菜绿豆饮。这种汤具有清热解毒、杀菌之功效。对于没有痤疮的人，也是夏季的必备饮品。

取小白菜、芹菜、苦瓜、柿子椒、柠檬、苹果、绿豆各适量。先将绿豆煮30分钟，滤汁，然后将小白菜、芹菜、苦瓜、柿子椒、苹果分别洗净、切段或切块、搅汁，最后，调入绿豆汁，滴入柠檬汁，加蜂蜜调味饮用。每日1～2次效果最好。

3.薏苡仁海带双仁粥。这种粥具有清热解毒、清火消炎、活血化瘀、养阴润肤之功效。

用薏苡仁、枸杞子、桃仁各15克，海带、甜杏仁各10克，绿豆20克，粳米80克。将桃仁、甜杏仁用纱布包扎好，水煎取汁，加入薏苡仁、海带末、枸杞子、粳米一同煮粥。每日2次，效果最好。

4.枸杞消炎粥。这种粥具有脱毒排邪、养阴润肤之功用。

取枸杞子30克，白鸽肉、粳米各100克，细盐、味精、香油各适量。洗净白鸽肉、剁成肉泥，洗净粳米和枸杞子，放入砂锅中，加鸽肉泥及适量水，文火煨粥，粥成时加入细盐、味精、香油，拌匀。每日1剂，分2次食用，5～8剂为1个疗程，效果最好。

5.海带绿豆汤。

海带、绿豆各15克，甜杏仁9克，玫瑰花6克，红糖适量。将玫瑰花用布包好，与各药同煮后，去玫瑰花，加红糖食用。每日1

剂，连用30日。

总之，脸上长了青春痘，总不是一件愉快的事，我们经常听电视广告上说：我用了什么，痘痘就不见了。其实这只是一种宣传方法，真要出现了痤疮问题，还得要到医院看一下，不要自己去做处理。在获得更多医学知识的同时，要遵医嘱，还要保持愉快的心情，避免刺激痘痘更强烈的爆发。

营养与减肥，一个都不能少

下面是一位妈妈与一位医生在一场青春保健论坛上的一段对话，说的就是女儿不懂青春保健，虐待自己的事情。

“你好，李医生。我15岁的女儿现在在一所重点中学读初二，本来她学习成绩特别好，是老师心目中的好学生，是同学眼里的佼佼者。可一年前，她不知何故开始节食，我们怎么劝都不听，有成果后还非常得意，说：‘刚瘦下来的感觉真好，别人都说我更漂亮了。’但紧随而来的却是很多问题：她原来身高1.62米、体重54公斤，现在只有34公斤了；一年前例假来潮，现在已经好几个月没来了；特别怕冷，便秘；患严重贫血，好几次差点晕倒。医生说由于她不正常进食，电解质也紊乱了，为此还输过几次液……”

“这是神经性厌食症的基本症状。”

“对，我早就知道了这个病的名称，但我以为就是不吃饭，没想到它会有这么严重。你能详细给我介绍一下吗？”

“这种疾病多见于女性，发病年龄层多在少年期及青年早期。主要表现为体重减轻和进食减少，一般患者的体重至少比标准体重(按身高折算)下降25%，这种病会因营养不良而引起女性闭经、怕冷、肌体的毛发脱落、理性思考和注意力的减退。我想如果我猜得没有错的话，她现在的成绩一定已经出现了下降的情况。”

“没错，以前她的成绩是班级里的前三名，现在则倒退了十几名，自己也着急，拼命补课，可是除了晕倒几次却没有什么进步迹象。她现在变得忧郁、焦虑，爱发脾气，简直就像换了个人似的，原来的活泼可爱劲全都不见了。我真是愁死了。”

“这种病就是会对情绪和心理产生影响，时间久了，孩子会表现为孤独、不愿与人交往、隐瞒进食行为、情绪不稳定及忧郁、个性改变，还会引起便秘、低血压、低体温、心跳快、电解质紊乱及内分泌改变等一系列症状，甚至会危及生命。”

“啊，那我该怎么办呢？”

“她现在情况已经很严重了，所以你必须要考虑住院治疗，必须要让她恢复体重。同时，还要改变她对美的错误观念。早纠正还来得及，时间拖得越久，对孩子的身心伤害就越严重。”

……

这就是青春期自己给自己制造的痛，对于青春期的女孩子来说，营养比减肥更重要，它直接决定了你的身心健康和未来的发展。具体说来，青春期必须要保证以下几种营养需求：

第一，热量。

青春期机体内组织合成迅速增加，如热量供给不足，组织合成受阻，就会出现营养不良、体重下降等现象。

热量的供给来自机体每天从食物中摄取的糖、蛋白质及脂肪。但就像上面案例中的孩子一样，很多女孩还在身体发育的时候，就为保持身体苗条有意减少每日热量的摄入，结果造成营养缺乏，影响身体健康。但热量摄入也不是越多越好，否则易患青春期单纯性肥胖病。因此热量每天供给要适量。

青春期女孩子的热量需要比男孩子低，一般为10～12岁应摄入2350千卡，13～15岁2490千卡，16～19岁为2310千卡。很多种物质都能释放热量，我们后面会慢慢介绍。

第二，蛋白质。

人体的每一部位、每一细胞中都有蛋白质，可以说蛋白质是建造身体的基本材料之一。除去水分外，人体中重量的一半是蛋白质。可以说，没有蛋白质就没有生命。蛋白质有很多种存在形式，一些调节机体代谢和生理功能的酶与激素、能够增强免疫功能的抗体也属于蛋白质。

青春期对蛋白质需要量个体差异很大，但总的来说青春期对蛋白质需要量是很大的，用于满足机体组织的大量合成。进入青春期，骨骼、肌肉、性腺等机体内部的各组织器官都在快速生长、发育，需要大量优质的蛋白质，若供给不足，则体格、智能发育都会受到影响，并容易感染疾病。

青春期蛋白质需要量不仅考虑摄入量的多少及个体生理状况，而且也要注意膳食蛋白质的氨基酸组成，热量摄入多少及其他营养素的摄入情况等因素。就少女来说，每天的摄入量不能低于30克，并应以优质蛋白为主。

一般来说，动物性食物（如鱼、禽、蛋、奶、瘦肉）中蛋白质含量较高，而且氨基酸的构成比例适合人体需要，属优质蛋白质。米、面等植物性食物中的蛋白质由于某种氨基酸不足（如缺乏赖氨酸），其营养价值不如动物蛋白。但大豆是例外，大豆的蛋白质含量高、质量也好，是植物蛋白中的优质蛋白。如果将黄豆和粮食混着吃，或将动物性食品和粮食混着吃，则蛋白质的营养价值会大大增高。

第三，维生素。

维生素是保证青春期健康发育的营养素，它们参与体内各种代谢活动。人体不能合成维生素，必须从天然食物得来。若供给不足，就会出现各种维生素缺乏症。

维生素被分为脂溶性和水溶性维生素两大类。脂溶性维生素能储存于肝脏，若摄入过多可致中毒。水溶性维生素在体内储存甚少，必须每日摄取足够量以满足机体的需要。儿童青少年容易缺乏的脂溶性维生素有维生素 A 和维生素 D。

我国青少年膳食中维生素A普遍缺乏，因为乳、蛋及动物性食品用量少，主要来自蔬菜中的胡萝卜素。青春期维生素A供给量每天不少于700国际单位，才能保证身体的正常生长发育。

水溶性维生素有维生素B_1、维生素B_2、维生素C等。维生素B_1和维生素B_2及尼克酸的需要量均随热量摄入量的增加而增加，在紧张的脑力和体力活动期，上述三种维生素需要量也相应增加。对于处于青春期的女孩来说，在考试期间及大强度体育训练期间，应多补充含维生素B_1和维生素B_2及尼克酸等的食物来满足特殊的消耗。

维生素C能促进发育和增加青少年对疾病的抵抗力，防止骨质脆弱和牙齿松动。少女对维生素C的需要量不低于成人每天75毫克的需要量。新鲜水果及蔬菜多富含维生素C。所以多吃水果蔬菜能够增强抵抗力。

其他维生素，如维生素D、维生素E、维生素B_{12}、叶酸等对少女生长发育也是必需的。肝、瘦肉、牛乳、蔬菜、大豆、橘子、香蕉、葡萄、梨、核桃、栗子等富含这些维生素。

第四，脂肪。

怕胖的女孩子都是谈“脂肪”色变，但其实青春期必须要摄入一些脂肪，否则同样会影响身体发育。这里所说的脂肪，其实应当叫作脂类，脂类除包括一般的脂肪外，还包括类脂（如磷脂、糖脂、固醇类等）。磷脂、糖脂、胆固醇是构成人体细胞膜的主要成分，脑髓和神经组织中也存在大量磷脂和糖脂。

脂肪是人体热能的一种贮备形式，是高热能的营养素，脂肪在必要时随时分解供能（1克脂肪在体内氧化可产热37.7千焦，比等量蛋白质和碳水化合物产生的热量大一倍多），为机体所利用；脂肪可促进脂溶性维生素A、维生素D、维生素E、维生素K的吸收。

人体需要饱和脂肪酸和不饱和脂肪酸。饱和脂肪酸摄食过多，会造成一些诸如冠心病等疾病的发生，而不饱和脂肪酸有降血脂的作用。另外，一些多不饱和脂肪酸（如亚油酸、亚麻酸）与生长发育有关，且机体自身不能合成，必须由食物供给，因此一般主张多摄入不饱和脂肪酸。动物油含饱和脂肪酸多、植物油则以不饱和脂肪酸为主，再加上平常所吃的肉、蛋、奶等也能为我们提供饱和脂肪，所以人们才有多吃植物油、少吃动物油的养生之道。这样，吃进去的动、植物油的比例就会比较适宜。

除此而外，黄豆、核桃、瓜子、芝麻等食物，含不饱和脂肪酸、磷脂丰富，应多吃一些，对少女的生长发育有促进作用。

第五，矿物质。

矿物质也叫无机盐，在人体内有60多种，它们在构成人体结构、调节机体代谢、促进生长发育等方面起着特有作用，也是生命活动的调节剂、助长益智的营养素。诸多矿物质中，在青春期需要较多也最易缺乏的有钙、铁、锌、碘等。

钙对青春期生长发育的速度影响很大，青春期生长发育与正常的骨骼发育是分不开的，而骨发育需要大量的钙来参加，一般要求每日钙供给量不少于0.5克。

铁是造血的原料，缺铁可导致贫血，还会使机体抵抗力降低，对学习和智力也有影响。中小学生中缺铁性贫血发病率较高，特别是青春期少女，因月经来潮失血而机体造血功能还不完善，很容易发生贫血，因此少女应注意多吃些含铁丰富且铁吸收利用率高的食物。如动物肝脏、动物血、瘦肉等，同时补充些维生素C，以促进铁的吸收。

锌对青春期生长发育就更为重要，锌有助于机体细胞的分裂、繁殖、促进生长发育、大脑发育和性成熟。缺锌引起生长缓慢，严重可为侏儒，第二特征不发育，青春期锌的营养正引起各方面重视。每天青少年应从食物中得到锌15毫克左右，才能满足正常需要。食物中以海产品（如牡蛎、扇贝）、肉类、核桃、松子等含锌较多。

碘在青春期营养中的地位也很重要，青春期甲状腺机能增强，需要更多的碘合成甲状腺素，以调节体内代谢，促进生长发育。缺碘后生长发育明显延缓，易出现青春期甲状腺肿，严重缺碘可影响智力。海产品含碘普遍多丰富，多吃海产品（如海带、紫菜等）是很好的预防缺碘的措施。

第六，碳水化合物。

碳水化合物也叫糖类，是生命活动的主要能源。碳水化合物是最经济、最主要的热能来源。我们每天所需要的能量，有60%左右由碳水化合物提供，膳食中有了足够的碳水化合物，蛋白质才不会过多消耗，才能更好地发挥其特有的生理功能。对于少女来说，生长旺盛，学习任务繁重，活泼好动，能量的消耗很大，因此需要摄入大量的碳水化合物。

粮食中含量丰富的淀粉、甘蔗和甜菜中含量丰富的蔗糖、牛奶中的乳糖、蜂蜜中的果糖和葡萄糖、水果和蔬菜中的纤维素和果胶等，都属于碳水化合物。但通常纤维素和果胶等膳食纤维不能被消化吸收，无法产生能量，但它们能够促进肠蠕动，防止便秘、排出有害物质，对预防高血压、糖尿病、肥胖症、结肠癌等有好处，所以建议少女应每天摄入一定量的膳食纤维。

第七，水。

水是生命之源，人活着，时时刻刻都离不开水。食物只有在水中才能被吸收、利用，吸收的养分要通过血液才能到达全身各处、体内的废料要通过水才能排出，正常体温的维持也需要水。

如今的孩子大多生活在经济条件富足的家庭中，他们很少会喝饮用水，代替它的是各种各样的饮料。虽然这些饮料也能提供一些水分，但不能完全用来代替水。饮料一般都以糖、食用色素、糖精、香精等配制而成，即使是天然果汁一般也加了糖、色素等物质，只喝饮料不喝水的话，就会摄入过多的糖分和一些人工合成的色素，而水分吸收量却变少。如为劣质饮料，更会带来许多问题，因此，不要养成只喝饮料不喝水的坏习惯。

总之，对于青春期的女孩子来说，美固然重要，但营养更不可缺少。当然，如果你能找到一个既能保持营养又能保证美丽的方法最好。下面的章节中我们也会涉及，还请继续认真阅读。

怎样才能修炼完美的身材

每个女孩子都想拥有完美的身材，但一些人认为“生就的骨头长就的肉”，没法改变，其实不然，要想修炼高挑而有气质的身材，还是有一定的妙法的。而掌握这些妙法的大多是一些模特培训导师。下面就是一个专业的模特导师根据几十年的经验总结出来的方法。

第一，挺胸。

医学美学认为，女性的曲线美是世界上最美的事物。而人体的曲线最重要的是三围，三围中第一围便是“胸围”。坐、立、行都需要让胸脯尽量向前挺起，这是保持美好体型的起码要求。

当然，这不光是物化美的需求，挺胸对健康十分有利，不光可以增加肺活量，减轻心肺的压力，增加胸腺素的分泌，提高抗衰老T细胞活性，还可以防止脊椎神经索受压迫，利于促进肺、心、脑血液循环，对增加大脑供氧极为有利。

就塑形来说，挺胸直背是美好气质的重要特征，会使人显得有活力、有风度。再完美的身材，如果含胸弓背也会大打折扣。

挺胸不是一种练习，而应该是一种常态。但是在没有形成习惯之前，你需要不断告诉自己：挺胸。你在早晨起来后做几个挺胸运动之后，开始念诵“挺胸”，刷牙时念，洗脸时念，走路时更要念，这样，这个“挺胸”的行为模式就会自然植入你的思维之中，这有利于你的习惯的形成。

第二，收腹。

可以和挺胸一起做。

其实，经常运转肚皮，可以帮助消化系统进行消化，还可以帮助塑形，也是一种不错的修炼身材的方法。好，边用力转动肚皮边念收腹，每次做的时候至少要30下。

第三，提肛。

这是古代的健美秘诀，尽力使肛门向上提起。经常提肛，有助于消化和泌尿系统的保健，防止消化不良及肥胖症。同时，还可以使走路姿势潇洒、飘逸。

第四，举重。

两手分别拿起一个5~15磅重的哑铃，以右脚作支撑，左脚放在身后几英寸处。保持背部挺直，髋部向前倾斜，直到身体差不多与地面水平，哑铃与肩膀在一条线上。恢复到开始的位置，这是一个完整的动作。做12个动作，然后换腿练习。这个动作可以把腹部、腰部、臀部、腿部的形体保持完美的状态。

第五，抻脖颈。

这个动作要求脖子向后自然挺直，从生理学讲，可以使第一颈椎的椎位正位，减轻脑干、小脑延髓的压力，保证心脏向大脑供血的总动脉畅通。这个动作对于经常伏案学习的学生具有非常重要的意义，因为它可以舒缓颈椎的压力。

除此而外，我们还可以学习一些简单的瑜伽方法，来修炼完美的身材。“瑜伽”一词来源于印度梵语“yug”或“yuj”，意思是“一致”“结合”或“和谐”。瑜伽是一个通过提升意识，帮助人们充分发挥潜能的哲学体系及其指导下的运动体系。

第一，站立式。

做法：

1.站立。双脚分开，与肩同宽。

2.吸气。双臂经身侧向上伸举，于头顶上方合掌，扣住大拇指。同时，身体向左转。

3.呼气。这是由两个动作合成：将重心移到左腿上，吸气，右脚跟抬起，全身重心向上移动伸展；呼气，双臂向下，俯身，抬高右腿，最终身体形成“T”形。

4.保持均匀呼吸。还原时，吸气，手臂引领身体向上抬起，右脚回落地板。

5.呼气。转动全身回正，手臂缓缓放落，两脚收回，站立放松。反侧同理。可反复做3～6组。

这组瑜伽可以加强全身肌肉协作能力，促进骨骼增长，同时达到排除杂质、废气的作用，让身体能量平衡。

第二，增延脊柱伸展式。

这组瑜伽可以清理、净化脊柱神经和大脑，刺激淋巴系统，以帮助更好地排出体内的毒素，促进新陈代谢。

做法：

1.站立。双腿两脚并拢。

2.吸气。双臂带动全身纵向伸展；呼气，自腰部向前向下俯身前屈，双手指尖抵于两脚旁侧；吸气，抬头，尾骨向上，双腿伸直，感受腰背的全面伸展。

3.呼气。双手抓握脚踝或小腿，俯身靠向两腿，身体完全对折，脖子放松，双膝要伸直。

4.还原时吸气，手臂引领上身缓缓抬起，向上伸展；呼气，手臂经身侧放落。站立放松。反侧同理。可反复做3~6组。

第三，侧臂拉长式。

这种瑜伽可以按摩腹内脏器，调节腺体，稳定内分泌系统，可有效加强全身免疫力。

做法：

1.站立。双脚分开两倍宽于肩。

2.吸气。双臂平举，让胸、背部呈舒展的状态。

3.呼气。右脚向右转动90度，弯曲右膝，使大腿、小腿之间成直角；同时，俯身向右侧弯，右手指尖抵于右脚内侧地板，双臂在一条直线上，转头看上方的手指。

4.还原时吸气，起身，伸直右腿；呼气，转动右脚回正，双臂放落，两脚收回，站立放松。

反侧同理。可反复做3～6组。

虽然这些运动都有助于修炼完美的身材，但是这些运动更多的是能保持你的身心健康，特别是瑜伽运动，为了改善人们生理、心理、情感和精神方面的能力，是一种达到身体、心灵与精神和谐统一的运动方式。

真正的美是一种来自内部的美，当然不是“心灵美”那么简单。这种来自内部的美是一种对自己的宠爱，对生活的热爱，以及对未来的期待。希望你在修炼完美的身材的时候，能更多地注重一下这种内在的美。

吃也能吃出美丽来

吃也能吃出美丽来？

当然，美食养颜已经成为当今女人最热衷的话题，男人眼里那些普通的瓜果蔬菜，不再只是打开味蕾的食品，而是一个个具有召唤美丽能力的精灵。茄子、葡萄是紫衣天使，黄瓜、青苹果是绿精灵，番茄、李子则是红袍将军……它们有同一个并不开阔的战场，在那里，它们用粉身碎骨的代价来获得另一种力量的重生，一群可爱的美丽守护神。

那么，对于女孩子来说，吃什么能使自己变得更加美丽呢？

第一，如果脸上长出了讨厌的小痘痘，吃什么最好？

1.酸奶。酸奶可以促进肠道蠕动，促进新陈代谢，排毒养颜。

2.皮肤上出现了毛孔粗大的问题，需要吃黄瓜，也可以用黄瓜片敷在脸上，黄瓜片具有补水、保湿、美白的作用。

3.清晨起来喝一杯温水，有利于解决便秘问题。注意，温水要慢慢喝。

第二，美容食品。

1.秋冬季节，人们总会受到皮肤干燥的困扰，吃什么可以保持肌肤水分？猕猴桃是不可或缺的补水美容食品。

2.春天吃韭菜，可以使肌肤变得白皙细嫩。

韭菜是一种可药食两用的佳品。人们都误以为只有男生需要“壮阳”，其实不然，女生多吃具有“助阳”的食物，能让肌肤变得更白皙，缘由是阳气充足血脉则通利。特别是在春天里，乍暖还寒，女生最需要保养阳气，所以这个时候的韭菜对于女生来说既是补品又是护肤品。

3.想要淡化色斑，番茄的效果最好。番茄红素和维生素C，它们是天然的抗氧化物质，对淡化色斑非常有帮助。

4.吃胡萝卜可以让你拥有一双明眸。胡萝卜是有效对抗自由基的抗氧化剂，有助于身体免受自由基的伤害，对微血管组织较多的部位如眼及肺部最具有保护作用。

5.吃芝麻糊可以增加女性荷尔蒙，使你青春常驻。中医认为，芝麻味甘、性平，有补血、润肠、通乳、养发等功效，适于治疗身体虚弱、头发早白、贫血、大便燥结、头晕耳鸣等症状。黑芝麻糊的效用更胜鲜奶，食得多皮肤会滑溜、少皱纹，还会令肤色红润白净。除此而外，还可以治便秘。

第三，丰胸饮食。

胸部需要以下营养素：

维生素A：椰菜及葵花子油等，有利激素分泌。

维生素B：牛肉、牛奶及猪肝等，有助激素的合成。

维生素C：葡萄、西柚等，防止胸部变形。

维生素E：芹菜、核桃等，有助胸部发育。

锌、铁、钙、蛋白质：必备的营养素。

蔬菜、水果：具有丰胸健美的功效。

药膳类：红枣、山药、桂圆、川芎等，都有活血、补血、补气的效用。

除此而外，还有以下几种食品对胸部健康也非常重要。

1.杂粮。如谷类、玉米及一些杂粮，经常食用，对乳房具有保健作用。尤其是玉米，是被营养专家肯定为最佳的丰胸食品。

2.大豆。大豆和由大豆加工而成的食品中含有异黄酮，这种物质能够降低女性体内的雌激素水平，可以减少乳房不适。对于少女来说，黄豆和猪蹄能为其补充大量的蛋白质，特别是胶原蛋白，有利于胸形发育。

3.坚果、种子类食物。含卵磷脂及蛋白质的花生，含丰富蛋白质的杏仁、核桃、芝麻等，都含有大量的抗氧化剂，可起到抗癌的功效；红枣能生津调节内分泌，促进第二性征发育。大多数坚果、种子类食物，还可增加人体对维生素E的摄入，而摄入丰富的维生素E能让乳房组织更富有弹性。

4.海带。海带能辅助治疗乳腺增生。由于其中含有大量的碘，可促使卵巢滤泡黄体化，使内分泌失调得到调整，降低女性患乳腺增生的风险。海带还有滋阴养血之功，适用于阴虚体弱、乳房失养而致乳房扁平者。

5.鱼类及海产品。黄鱼、甲鱼、泥鳅、带鱼、章鱼、鱿鱼、海参、牡蛎以及海带、海蒿子等，富含人体必需的微量元素，有独特的保护乳腺的作用。

除此而外，鸡蛋和芝麻油（植物油）也是最好的丰胸美食。芝麻油煎蛋这道佳肴不但可以丰胸，还能帮助女性调理经期，非常适合早上或者晚上食用。所以，少女每天早晨吃一个煎蛋是非常好的选择。

第四，使臀部变美的饮食。

减少动物性脂肪的摄取，会让臀部变得结实，免除松弛与下垂的困扰。对于少女来说，不可食用过多的奶油或乳酪，这些食品不仅易使血液倾向酸性，让人易于疲劳，也会让脂肪囤积于下半身，造成臀部下垂。其实对于女孩来说，最好以大豆之类原植物性蛋白质，或是热量低且营养丰富的海鲜为主食。

一些女人成年之后发现自己的身体出了偏差，上身非常纤瘦，可却拥有臃肿的臀部与双腿。一般来说，这是因为钾摄取不足，足量的钾可以促进细胞新陈代谢，顺利排泄毒素与废物。如果钾摄取量不足，细胞代谢会产生障碍，使淋巴循环减慢，细胞排泄废物越来越困难；加上地心引力影响，囤积的水分与废物在下半身累积，于是形成臃肿的臀部和腿部。

所以，你从少女时代就要注意保证钾的摄取量在身体里的平衡。一旦你已经出现这样的体形，那么就要减少钠的摄取量而增加钾的摄取量。过量的钠会妨碍钾的吸收，所以必须少吃太咸与太辣的食物，这些都是钠的来源。至于钾的补充，就以青菜、水果为主食吧！糙米饭、全麦面包、豆类与花椰菜，这些食物含有大量的钾元素，有助于排除体内多余水分，促进细胞排泄废物，令你的下半身更窈窕。

除此而外，南瓜、甘薯与芋头这些蔬菜富含纤维素，可以促进胃肠蠕动，减少便秘几率，进而创造纤瘦且健美的下半身。

第五，使腿部纤细的饮食。

1.芝麻。它提供人体所需的维生素E、维生素B_1、钙质，芝麻含有的“亚麻仁油酸”，可以袪除附在血管内的胆固醇，令新陈代谢更好，减肥瘦腿就轻松得多。

2.番茄。番茄富含维生素A、维生素C、维生素B_1、维生素B_2以及胡萝卜素和钙等元素。它有利尿以及袪除酸痛的功效。需要注意的是，番茄尽量生吃，如做成沙拉，果汁或直接吃都可以，因为经

过烹饪后的番茄，营养会大量流失。

3.葡萄柚。它有独特的“枸橼酸”成分，能使新陈代谢更顺畅，卡路里低，含钾量却是水果中的前几名。

4.香蕉、苹果、木瓜。香蕉富含钾，可以瘦腿，但有明显水肿和需要禁盐的病人不宜多吃。苹果含钙量比一般水果丰富很多，有助于代谢掉体内多余盐分。苹果中富含粗纤维，可促进肠胃蠕动，协助人体顺利排出废物，减少有害物质对皮肤的危害。木瓜是维生素A含量很高的一种水果，还富含维生素C和可溶性的钙。木瓜中含有一种酵素，能消化蛋白质，有利于人体对食物进行消化和吸收，故有健脾之功效。

5.猕猴桃。猕猴桃含钙量比一般水果丰富得多，有助于体内多余盐分的代谢。它的纤维可以促进热量代谢，防止下半身肥胖。

6.西瓜。它的酸柠檬黄素富含排毒元素，能使让人变胖的盐分大量排出，尤其对于容易水肿的小腿更有效果。此外，它的钾含量也很多，可以起到修饰双腿线条、塑造腿部肌肉的作用。双管齐下，不想小腿曲线玲珑都难。

第六，蜂蜜提高人体免疫力。

中医学认为，蜂蜜味甘，入脾胃二经，能补中益气、润肠通便，是一年四季均可挑选的食品。尤其是春季，饮用蜂蜜，能提高人的免疫力。春天人多易感冒，而蜂蜜含有多种矿物质、维生素，还有清肺解毒的功用，故能增强人体免疫力。

对于少女来说，我们的时间必须更多地用到学习中去，而没有那么多的时间去刻意为保持某一种体形而研制某种汤品或者某种食品的实用方法，但在了解了每一种食品的功效之后，我们可以自行调整自己身体的营养均衡。当然，最好的保养方法还是最简单的那个原则，那就是不挑食，不偏食。

图书在版编目(CIP)数据

中国女孩心理成长枕边书 / 沧浪编著. — 北京 ：
中国妇女出版社，2013.6
ISBN 978-7-5127-0665-1

Ⅰ.①中… Ⅱ.①沧… Ⅲ.①姑娘－青少年心理学－
青年读物 Ⅳ.①B844.2-49

中国版本图书馆CIP数据核字(2013)第062628号

中国女孩心理成长枕边书

作　　者：沧　浪　编著
责任编辑：万立正
封面设计：樊　帆
插画绘制：樊　帆
责任印刷：王卫东
出版发行：中国妇女出版社
地　　址：北京东城区史家胡同甲24号　　邮政编码：100010
电　　话：(010) 65133160 (发行部)　　65133161 (邮购)
网　　址：www.womenbooks.com.cn
经　　销：各地新华书店
印　　刷：北京正合鼎业印刷技术有限公司
开　　本：170×240　1/16
印　　张：17.5
字　　数：200千字
版　　次：2013年7月第1版
印　　次：2013年7月第1次
书　　号：ISBN 978-7-5127-0665-1
定　　价：35.00元